Felicitas Franke

Ich war eine Leihmutter

Konkret
Literatur
Verlag

Satz: Fotosatz Knab, Lintach
Druck: Fuldaer Verlagsanstalt, Fulda
ISBN 3-922144-80-2

Felicitas Franke, Ich war eine Leihmutter

Inhalt

Vorwort

Die Geschichte »Ich war eine Leihmutter« ist keine Fiktion, sondern der detailgetreue Bericht einer zeitweilig übernommenen Mutterschaft, die ich selbst erlebt und erlitten habe. Aus Gründen der Diskretion sind die Namen aller im Buch erwähnten Privatpersonen, einschließlich meines eigenen, geändert. Eventuelle Namensgleichheiten mit anderen Personen sind daher rein zufällig. Die Namen der offiziellen Personen, insbesondere der daran beteiligen ÄrztInnen sind unverändert geblieben.

Anstelle der tatsächlichen Orts- und Zeitangaben habe ich meist nur (Ort) oder (Datum) ohne Bezeichnung oder speziellen Zeitpunkt geschrieben, um so die Nachforschungen nach dem Kind und seinen jetzigen Eltern zu verhindern. Diejenigen LeserInnen, die trotzdem die Identität des Kindes, seiner Eltern oder meine eigene zu kennen glauben, möchte ich an dieser Stelle um ihr ausdrückliches Stillschweigen bitten.

Ein wesentliches Motiv für mich, das Erlebte niederzuschreiben, war das Bedürfnis, die teilweise kriminellen Machenschaften eines sogenannten Reproduktions- und Fertilisationsinstituts aufzudecken; ein anderes ist der Versuch aufzuzeigen, welche seelischen und körperlichen Belastungen sowohl auf die ungewollt kinderlosen Menschen als auch auf potentielle Ersatzmütter zukommen können.

November 1988 Felicitas Franke

Wie ich »Leihmutter« wurde

Auf der ständigen Suche nach Nebenverdienstquellen war für mich die Lektüre von Kleinanzeigen seit geraumer Zeit zur Routinebeschäftigung geworden.

Eines Tages stieß ich in einer Berliner Stadtzeitung unter der Rubrik »Jobs/biete« auf ein außergewöhnliches Inserat:

»Sterile Frau sucht Leihmutter.«

Darunter war eine Kontaktadresse in Frankreich angegeben. Ich war neugierig, was für eine Geschichte sich dahinter verbarg.

Wer war diese *sterile* Frau, die den Mut (der Verzweiflung?) hatte, ihr Anliegen ohne jede Beschönigung öffentlich zu machen?

Eine Woche lang gärte es in mir, bevor ich mich dazu entschließen konnte, einen Brief nach Frankreich zu schicken. Ich wußte selbst noch nicht genau, was ich eigentlich damit bezwecken wollte. Vage ließ ich durchblicken, daß ich mich bereits theoretisch aus feministischer Sicht mit dem Thema »Leihmutterschaft« befaßt hatte.

Ein paar Monate zuvor war ich nämlich im Wartezimmer eines Arztes auf einen *Stern*-Artikel gestoßen, der das Thema in bekannter sensationslüsterner Manier ausschlachtete. Ohne unmittelbar selbst betroffen zu sein, hatte mich die machogeprägte Berichterstattung wütend gemacht: »Ihren Auftrag als Leihmutter erfüllte sie gewissenhaft. Auf die eigenen Kinder hat sie geschossen«, lautete eine Bildunterschrift.

»Leihmutter!« — Schon der Ausdruck konnte mich auf die Palme bringen. »Leihmütter« wurden entweder als Heilige oder Huren, als provinzielle Dummchen oder skrupellose Rabenmütter dargestellt. Und die ungewollt kinderlosen Frauen kamen auch nicht besser weg. Ihnen wurde häufig elitärer Menschenzüchtungswahn, gepaart mit kalter Berechnung, unterstellt: »Sie kauften sich gleich zwei Leihmütter, aus Angst, die Preise könnten steigen.« Dieser Text kommentierte die doppelseitige Abbildung eines älteren amerikanischen Ehepaares. Der Vater hält stolz zwei Säuglinge in den Armen, seine Frau, der anzusehen ist, daß sie das Klimakterium bereits hinter sich hat, lehnt im Hintergrund mit ausdruckslosem Gesicht an einem Baumstamm.

Verständnis für die Verzweiflung ungewollt Kinderloser kann durch eine solche Berichterstattung in der Öffentlichkeit kaum geweckt werden.

Einige Wochen später las ich Gerhard Amendts Artikel in *Konkret* zum selben Thema. Von einem linken Standpunkt aus beschwor Amendt neue Varianten der Ausbeutung sowie eine moderne Form der Kindesaussetzung. Ich wollte meiner Empörung in einem Leserbrief Luft machen, doch der Brief uferte zu einem seitenlangen »Statement« aus mit dem Titel »Leihmutter — oder: Selbstbestimmungsrecht der Frau (wenigstens) über ihren Körper«. Ich ließ mein Werk sogar tippen, ohne es jemals an die *Konkret*-Redaktion zu schicken.

Als ich ein halbes Jahr später auf dieses mysteriöse »Job-Angebot« stieß, dachte ich zunächst daran, das Vertrauen dieser sterilen Frau zu gewinnen, um möglicherweise ihre und die Geschichte ihrer »Leihmutter« aus der Sicht der unmittelbar betroffenen Frauen zu dokumentieren. Ich sah darin eine Chance, der Sensationsberichterstattung über »Leihmutterschaft« entgegenzuwirken. Daß ich selbst diesen Job übernehmen würde, hielt ich schon deshalb für sehr unwahrscheinlich, da den einschlägigen Publikationen zufolge nur einwandfreie und perfekte weibliche Exemplare der Gattung *Homo sapiens* für eine »Leihmutterschaft« tauglich schienen. Mit meiner relativ starken Kurzsichtigkeit konnte meine Erbmasse wohl kaum eine Bereicherung des »Genpools« darstellen.

Das erste Kennenlernen

Früher als erwartet, schon eine Woche nach Absendung meines Briefes, erhielt ich einen Anruf. Eine freundliche, fast mädchenhaft weich klingende Stimme bekannte sich in akzentfreiem Deutsch als Urheberin des »Job-Angebots«. Als mein Schreiben in Frankreich eintraf, war sie — wie schon häufig zuvor — beruflich in Berlin. Ihr Mann hatte sie umgehend angerufen, den Inhalt meines Briefes hatte er aber nur vage verstanden.

Sie schien es kaum erwarten zu können, mich kennenzulernen. Noch für den Nachmittag desselben Tages verabredeten wir uns in einem Café. Wir vereinbarten ein Erkennungszeichen. Sie hatte bereits bange zwanzig Minuten gewartet, als ich mit Verspätung eintraf.

Am Ende des Café-Gartens saß eine schlanke, natürlich wirkende, attraktive junge Frau. Als ich auf ihren Tisch zuschlenderte, nahm sie ihre Sonnenbrille ab. Zwei große, graublaue Augen strahlten mich an. Ich schätzte sie auf etwa Mitte Dreißig. Wie gute Bekannte duzten wir uns spontan; bei einem intimen Thema redet es sich leichter per du.

Sarah stammte genau wie ich aus einer kinderreichen kleinbürgerlichen Familie. Mit Bafög-Unterstützung hatte sie in Berlin studiert. Seit ihrer Eheschließung war sie französische Staatsbürgerin. Vor ihrer Heirat hatte sie nie ernsthaft daran gedacht, Kinder zu bekommen. Das aufopferungsvolle Leben ihrer Mutter war kein Vorbild für sie. Doch jetzt hatte sie den idealen Partner gefunden; für ihn waren Kinder eine Selbstverständlichkeit.

Beide hatten krisensichere Arbeitsplätze mit freier Zeiteinteilung. Seit Jahren hatten sie sich vergeblich bemüht, eine Familie zu gründen. Sarah hatte mehrere Fehlgeburten, sowie Eileiter- und Bauchhöhlenschwangerschaften hinter sich. Danach war sie auch noch durch die Hölle, die sich Sterilitätsbehandlung schimpft, gegangen. Die »in vitro-Geschichten« hatten auch nicht das sehnlich erhoffte Resultat gebracht. Ihr von Narben gezeichneter Unterleib blieb ein immerwährendes Andenken an diese unfruchtbaren medizinischen Experimente.

Sarah hatte schon an die Adoption eines Kindes gedacht, aber auch in Frankreich gibt es lange Wartelisten mit Wunscheltern. Säuglinge werden jedoch wegen des vergleichsweise hohen Kindergeldes so gut wie nie zur Adoption freigegeben. Ein Kind sollte das Unterpfand ihrer gegenseitigen Liebe sein.

Vielleicht, so kam mir in den Sinn, spielte auch die Angst, den geliebten Partner zu verlieren, eine Rolle. Eine Rivalin, die als einzigen Vorzug den der Fortpflanzungsfähigkeit besäße, hätte ihrer ansonsten harmonischen Ehe gefährlich werden können.

Ich erzählte ihr, daß ich ursprünglich ähnliche Zukunftspläne gehabt hatte wie sie. Mit sechzehn Jahren war ich vor den beengten Wohnverhältnissen meines Elternhauses geflüchtet. Daß ich mir in den Kopf gesetzt hatte, das Abitur zu machen, stieß bei meinem Vater nicht auf Zustimmung. »Abitur — für ein Mädchen? — so ein Blödsinn; das heiratet ja doch«, pflegte er zu sagen. Den Zusammenhang zwischen Eheschließung und Schulabschluß habe ich nie begriffen. Ich wollte immer frei und unabhängig sein, statt wie meine Mutter, die vier Kinder in aufopferungsvollem Martyrium großgezogen hat, von einem frustrierten Gehaltsempfänger abhängig zu sein. Niemals wollte ich mich auf Gedeih und Verderb der Gnade eines Mannes ausliefern.

Mit neunzehn hatte ich meine chaotische Schullaufbahn abgebrochen und war nach Frankreich gegangen, was als Konsequenz die Einstellung meiner Schülerbafögbezüge und der elterlichen Unterstützung (bis dahin fünfzig Mark pro Woche) mit sich gebracht hat. Während meines fast zweijährigen Auslandsaufenthalts schlug ich mich mit Gelegenheitsjobs durch. Meine Eltern stuften meine Existenz als gescheitert ein.

Damals ließ ich widerwillig einen Schwangerschaftsabruch vornehmen. Emotional hatte ich das Kind haben wollen. Aber die vernunftmäßigen Erwägungen und der Druck meines damaligen Freundes — er drohte damit, sein Studium hinzuschmeißen und mich zu heiraten — hatten mich zu diesem Entschluß getrieben. Irgendetwas war bei dem Eingriff schiefgegangen. Ich fing mir eine Uterusinfektion ein, die anschließend auf beide Eierstöcke übergriff. Als mir der Frauenarzt eröffnete, daß ich wahrscheinlich keine Kinder mehr bekommen könnte, war das ein Schock. Mir wurde klar, daß ich irgendwann einmal das Frausein auch als Mutter erfahren wollte. Daß mir diese Erfahrung verwehrt sein sollte, machte mir sehr zu schaffen. Wie zum Trost hatte der Arzt mich darauf hingewiesen, daß ich mich nicht auf meine Unfruchtbarkeit verlassen solle.

Ein halbes Jahr lang habe ich danach noch halbherzig Verhütungsmaßnahmen ergriffen. Die täglichen Temperaturmessungen ließen keinen Eisprung mehr erkennen; mein Menstruationszyklus war starken Schwankungen unterworfen; eine Zyklusdauer von mehr als vierzig Tagen war keine Seltenheit.

Nach der Frankreichepisode kehrte ich reumütig an meine alte Schule zurück, um die letzten beiden Jahre bis zum Abitur hinter mich zu bringen. Mit vereinter Unterstützung von Bafög- und Sozialamt sowie eigenen saisonabhängigen Jobs als Mannequin auf Modemessen schlug ich mich mehr schlecht als recht durch. Nach dem Abitur wollte ich wieder ins Ausland. Doch noch während der Klausuren-Count-down lief, bemerkte ich »typische« Veränderungen an meinem Körper.

»Und wenn ich Ihnen sagen würde, daß sie schwanger sind...«, begann der Frauenarzt zögernd und stockte, um meine Reaktion abzuwarten. Ich hatte das Gefühl, als ob mich ein Pferd in den Magen getreten hätte; ein dicker Klos im Hals machte meine Antwort unmöglich. Fluchtartig verließ ich die Praxisräume.

Ich wußte nicht, ob ich mich über meine unverhofft wieder-

erlangte Fruchtbarkeit freuen sollte oder verzweifeln. Die Freude gewann die Oberhand.
Für meinen Freund — immer noch derselbe wie seinerzeit in Frankreich — war die Mitteilung über meine bevorstehenden Mutterfreuden eine Katastrophe; obwohl er sein Studium in der Zwischenzeit abgeschlossen hatte, waren seine Aussichten auf dem Arbeitsmarkt nicht gerade rosig.
Ich entschied mich gegen ihn für das Kind. Dieses Baby ist vielleicht die letzte Chance, überhaupt je eins zu bekommen, sagte ich mir. Allen Unkenrufen und Katastrophenbeschwörern zum Trotz habe ich mich in stiller Zurückgezogenheit auf mein Baby gefreut. Die große weite Welt mußte erstmal ohne mich auskommen. Die ungeplanten Umstände ließen vorerst ein Bleiben in der Bundesrepublik ratsam erscheinen, da ich zumindest in der ersten Zeit nach der Geburt nicht ohne staatliche Unterstützung ausgekommen wäre.
Im siebten Monat schwanger, auf der Flucht vor einer kaputten Beziehung, zog ich, nur mit Schlaf- und Rucksack bewaffnet, nach Berlin, wo ich mich für die Magister-Studiengänge Geschichte und Publizistik immatrikulierte. Mein Abiturzeugnis war nicht gut genug, um die Numerus-Clausus-Hürde für mein Traumfach Biologie zu schaffen. An einem eisigkalten Smog-Tag während der Semesterferien wurde meine Tochter Aglaya geboren. Im ersten Semester nahm ich sie mit zur Uni. Aber schon bald stellte ich fest, daß die Lehrinhalte und die Art der Vermittlung in beiden Fächern nicht meinen Vorstellungen entsprachen.
Als Aglaya ein halbes Jahr alt war, schlief sie immer weniger, so daß ich das zweite Semester schleifen ließ. Als ich mich entschloß, das sinnlos gewordene Studium abzubrechen, um auf einen Biologieplatz zu warten, wurde ich zum »Sozialfall«.
Als Vollzeitmutter war ich auf die Gnade der selbstherrlichen Schreibtischtäter des Sozialamts angewiesen. Auch der Unterhalt für meine Tochter wurde nun auf dem Amtsweg von ihrem Zeuger eingezogen. Meine Mutter half mir in der einjähri-

gen Wartezeit auf einen Biologiestudienplatz hin und wieder über die schlimmsten Engpässe hinweg.
Mein erneuter Studienbeginn stieß im Elternhaus auf kein Verständnis. Selbst meine jüngere Schwester würde in absehbarer Zeit ihre Lehre beenden und auf eigenen Füßen stehen. Durch Mutters geglückte Wiedereingliederung ins Arbeitsleben war mein Baföganspruch unter den Sozialhilfesatz gesunken.
Den unbarmherzigen Gesetzen unseres Staates zufolge hätten meine Eltern einen Teil zu meinem Lebensunterhalt beisteuern müssen. Familienintern hätte nur meine Mutter darunter gelitten; ich gönnte ihr das kleine bißchen später Unabhängigkeit und verzichtete auf regelmäßige Unterstützung aus dem Elternhaus. Durch Nachtarbeit in Diskotheken gelang es mir, halbwegs über die Runden zu kommen; selbstverständlich war Aglaya durch Babysitter versorgt. Psychotrope Energetika, freiverkäufliche Aufputschpillen halfen mir nach durchgearbeiteten Nächten, mein Studienpensum zu bewältigen. Bis zum dritten Semester hatte ich mehr Scheine zusammen als die meisten meiner KommilitonInnen. Ich dachte, daß ich so ein wenig flexibler wäre, wenn Aglaya die unvermeidlichen Kinderkrankheiten bekäme. Zu Beginn des Wintersemesters — es war mein viertes — trat der Ernstfall ein: Aglaya bekam Keuchhusten. Sie hatte sich in dieser Zeit in Lutz, einen Menschen aus der Nachbarschaft, »verliebt«, der ihre Gefühle in gleicher Weise erwiderte. Wenn er uns besuchte, brachte er die Sonne in seinen lachenden Augen mit. Auch ich fand mich mit ihm auf einer Wellenlänge. Uns verband ein nahezu telepathisches Verständnis. Zu Beginn des Winters zog er zu uns in die Zweizimmerwohnung.
Infolge des Berliner Smogwinters wurde Aglaya bis zum Frühjahr von asthmatischen Hustenanfällen so stark gequält, daß ich Angst hatte, sie könnte ersticken. Nacht für Nacht wurden wir fünf- bis sechsmal von ihren röchelnden Erstickungsanfällen aus dem Schlaf gerissen. Lutz war oft schneller an ihrem Bett als ich; in seinen Armen schlief sie ebenso schnell wieder

ein wie bei mir. Der Kinderarzt bemerkte resigniert, daß er keine Krankheiten, sondern vielfach Umweltschäden bei seinen kleinen Patienten behandeln müsse.
Ohnmächtige Wut kam in mir hoch, wenn ich die stinkenden Autoschlangen sah, die sich an eisigkalten Smogtagen parallel zur U-Bahnstrecke auf spitzem, schwarzen Granulat dahinquälten. Wir mußten Aglaya fast den ganzen langen Winter über auf dem Arm tragen. Krampfartige Hustenanfälle setzten ihrer eigenen Fortbewegungsfähigkeit meist schon nach wenigen Metern ein Ende. »Ein Herz für Kinder«, prangte wie zum Hohn auf manchen Windschutzscheiben.
Wut und Verzweiflung gerannen in meinem Körper zu Gift; drei Eiterabszesse im Rachenraum waren die schmerzhafte Auswirkung. Das bis dahin geregelte Studium brach völlig zusammen. Lutz wurde wütend und traurig, wenn er sah, wie schon kleinen Kindern das Lachen »aus dem Gesicht gefallen« war. Wir waren uns einig, daß es so nicht weitergehen konnte und machten Fluchtpläne. Australien, wo ich liebe Freunde habe, wurde zur fixen Idee. Lutz, der sich selbst als »freischaffender Lebenskünstler« bezeichnet, versuchte mit fast allen Mitteln, das nötige Geld für unsere Flucht ins »ökologische Exil« zu beschaffen; ohne nennenswerten Erfolg. Immerhin besorgte er uns das Lebensnotwendigste. Im darauffolgenden Frühjahr hatte ich vergeblich versucht, den entstandenen Schuldenberg aus Mietrückständen, Strom- und sonstigen unbezahlten Rechnungen abzutragen. Mutti griff mir in Sachen Miete noch einmal unter die Arme.
»Kind oder Studium — das hättest du dir früher überlegen müssen«, lautete die stupide altbekannte Phrase, wenn ich um Rat und Ausweg aus der Misere nachfragte.
Auf dem freien Arbeitsmarkt hatte ich nur geringe Chancen. Ich war eine Hilfsarbeiterin mit guter Schul- und Allgemeinbildung, das wurde mir allmählich klar. Zur Aufbesserung meiner Qualifikationen hatte ich mich für einen Computerlehrgang angemeldet.

Sarah hatte sich teilnahmsvoll meine Leidensgeschichte angehört. Ich war betroffen, als sie mir eröffnete, daß mein Brief die einzige Resonanz auf ihren Hilfeschrei gewesen war. Sie ging davon aus, daß ich mich ernsthaft um diesen »Job« beworben hätte. Ich fand nicht den Mut, ihr zu widersprechen. Die durch eine andere Frau übernommene Mutterschaft schien ihr der einzige Weg, um endlich ihr Wunschkind zu bekommen. Sie erklärte, daß die Ersatzmutterschaft in Frankreich längst nicht so tabuisiert werde wie in der Bundesrepublik. Zwar fehlten auch dort noch die endgültigen Gesetze, doch gäbe es Übergangsregelungen, die gemeinhin anerkannt seien. Sie kenne einen Arzt in Marseille, der schon seit längerem in Sachen Kinderwunscherfüllung tätig sei und bereit, die künstliche Besamung vorzunehmen. Selbstverständlich habe auch er lange Wartelisten mit Wunscheltern, das »Leihmutter«-Angebot sei dagegen eher kümmerlich.
Trotzdem hatten Sarah und ihr Mann Roger durch Eigeninitiative eine austragewillige Französin gefunden. Doch nachdem sie die familiären Verhältnisse dieser Bewerberin kennengelernt hatten — das eigene Kind der Frau machte einen gestörten Eindruck —, war die anfängliche Sympathie rasch verflogen. Außerdem sei ihre Motivation nicht ganz klar gewesen, da sie selbst auch den Wunsch nach einem weiteren Kind hegte, gegen den Willen ihres Mannes. Nach einigem hin und her hatte Roger kategorisch erklärt, daß er von dieser Frau kein Kind haben wolle. Auch der Marseiller Arzt hatte die Frau nach dem psychologischen Einführungsgespräch abgelehnt, da die Gefahr bestanden habe, daß sie den »Vertrag« (welchen?) brechen könnte und das Baby behielte. Daß sie nun in der Bundesrepuplik nach einer Ersatzmutter suche, sei mehr ein spontaner Entschluß gewesen, erklärte Sarah. Schließlich sei sie selber Deutsche. Nach der erfolglosen Aktion in Frankreich hatte sie gemeinsam mit Roger beschlossen, daß sie die »Leihmutter« alleine auswählen sollte; Roger vertraue in dieser Hinsicht ganz ihrer weiblichen Intuition.

Je länger wir an diesem Nachmittag miteinander plauderten, umso mehr wuchs unsere gegenseitige Sympathie. Schon auf den ersten Blick war uns aufgefallen, daß wir einander wie Schwestern ähnlich sahen.

Sarah, deren Lebens- und Leidensgeschichte ich an diesem Nachmittag kennengelernt hatte, wünschte sich so sehnlich ein Kind, daß es mir fast körperlich wehtat. Innerlich hatte ich mich bereits dazu entschlossen, ihr zu helfen, als sie von sich aus die Frage der »Aufwandsentschädigung« ansprach. Der Arzt in Marseille sah für den »Prêt Uterus« (Leihuterus) ein Entgeld von 50 000 Francs (ca. 17 000,– DM) vor. Bevor ich antworten konnte, fügte sie hinzu, es sei allerdings üblich, der »Leihmutter« nach der Entbindung ein kleines »Geschenk«, etwa einen verschlossenen Briefumschlag, zu überreichen; ein Kind wäre ohnehin unbezahlbar.

Außerdem seien die Auftraggebereltern selbstverständlich verpflichtet, sämtliche ärztliche Untersuchungen, Umstandskleidung und sonstige Unkosten zu tragen; einschließlich einer für die »Leihmutter« abzuschließenden Versicherung und einem notariellen Vertrag beliefen sich die Gesamtkosten für die Wunscheltern auf etwa 100 000 Francs.

Geld wirkte in diesem Zusammenhang noch schmutziger auf mich als ohnehin schon. Für diese hohle Konsumgesellschaft habe ich immer abgrundtiefe Verachtung gehegt. Dennoch, so sagte ich mir, ist dieses Geld eine Chance, meine Tochter eben dieser Gesellschaft zu entziehen und sie vor der zunehmend spürbaren Umweltverschmutzung – Berliner Smog-Luft bei minus fünfzehn Grad tut weh! – in Sicherheit zu bringen. Vielleicht würden wir es schaffen, irgendwo auf der Welt eine menschenwürdige Existenz in Einklang mit der Natur zu finden. Die von dem französischen Arzt veranschlagte Aufwandsentschädigung würde dazu nicht ausreichen. Ich brauchte wenigstens 30 000 Mark. Sarah war sofort einverstanden, nur sollte ich dem Marseiller Arzt nichts von unserer Abmachung sagen. Ich machte ihr den Vorschlag, auf der Unko-

stenseite soviel wie möglich einzusparen, da die Schwangerschaftsüberwachung ganz normal von meiner Krankenkasse übernommen werden könne. Was andere Ausgaben wie Umstandskleidung anging, so wollte ich ausprobieren, was es mit Heiner Geißlers Schöpfung, der Mutter-Kind-Stiftung, auf sich hatte. Nach der Entbindung in Frankreich würde ich das Sorgerecht an den leiblichen Vater des Kindes abgeben und nach Erhalt der gesamten Aufwandsentschädigung in die Ehelichkeitserklärung einwilligen.
Physisch und psychisch hatte ich meine Schwangerschaft mit Aglaya gut überstanden. Damals hatte ich sogar die Kraft, trotz zusammenbrechender Beziehung die Ruhe zu bewahren. Ich wollte nicht riskieren, ein Kind mit einem nervösen Magenpförtnerkrampf zur Welt zu bringen, nur weil das arme, kleine unschuldige Wesen meinen ständigen Adrenalinstößen hilflos ausgesetzt gewesen wäre. Diesmal, so glaubte ich, würde ich ein Wunschkind erwarten und könnte die Schwangerschaft frei von Zukunftsängsten und drohender Verantwortung genießen.
Nach Aglayas Geburt war ich fest entschlossen gewesen, mich sterilisieren zu lassen. Daß ich dieses Vorhaben nicht in die Tat umgesetzt hatte, lag an medizinischen Bedenken, die mir angesichts der vorgeschlagenen Methode — Verkochung der Eileiter — kamen; dabei kann es zur Zerstörung der umliegenden Hormondrüsen kommen, was u. a. eine schnellere Alterung sowie ein vorgezogenes Klimakterium mit sich bringen kann. Als Alternative blieb die Spirale, mit der ich glücklicherweise keine Probleme hatte. Vor der Geburt meiner Tochter war mir allerdings davon abgeraten worden.
Obwohl bei meiner ersten Begegnung mit Sarah noch vieles unausgesprochen bleiben mußte, vertrauten wir einander. Das einzige, das ihr zu ihrem Glück fehlte, schien ein Kind zu sein; meines sah ich durch die zunehmende Umweltverschmutzung aufs äußerste gefährdet. Trotz allem habe ich zu keiner Stunde bereut, Aglaya geboren zu haben.

Der Zufall hatte Sarah und mich zusammengeführt, um unseren Schicksalen vielleicht doch noch eine glückliche Wendung zu geben. Bevor wir uns an diesem langen Nachmittag trennten, gab sie mir eine Karte mit dem Aufdruck ihrer Arbeitsstelle, einen Aufkleber mit ihrer Privatadresse fügte sie hinzu. Wir verabredeten uns für den nächsten Tag zu einem Kaffeeplausch in meinen eigenen vier Wänden, damit sie auch meine Tochter und Lutz kennenlernen konnte, sowie meine sonstigen häuslichen Verhältnisse. Der Abschied voneinander war so herzlich wie zwischen langjährigen Freundinnen; solidarisch komplizenhaft lachten wir uns an.

Das Zauberwort heißt Vertrauen

Schon vor meiner Antwort auf Sarahs Inserat hatten Lutz und ich die Möglichkeit meiner eigenen »Leihmutterschaft« rein spekulativ in Erwägung gezogen. Meine Einstellung zum Thema kannte er durch mein »Statement«. Wir stimmten darin überein, daß es ganz auf die Situation und vor allem auf die Frau ankomme, die die künftige soziale Mutter des Kindes sein würde. Nach meinem Bericht über Sarah empfand auch er Mitleid mit ihr und verfluchte die Quacksalber, die sie solche Torturen hatten erleiden lassen.

Die Tatsache, daß es keine klaren gesetzlichen Bestimmungen zur übernommenen Mutterschaft gibt, störte ihn genausowenig wie mich. »Gesetze, die ein Staat macht, können Unrecht sein.« Ein Blick in die deutsche Vergangenheit genügt, um diese These zu untermauern. Und auch hier und heute ist es nicht anders. Gesetze werden von denjenigen gemacht, die an der Macht sind und dienen selbstverständlich auch der Staatsmachterhaltung. In einer überwiegend patriarchalisch orientierten Welt gibt es wenig Platz für Menschlichkeit und Friedenswillen. In Diskussionen um den § 218 behaupten unverständige Politiker, ungeborenes Leben schützen zu wollen; gleichzeitig aber entziehen sie durch ihre unverantwortliche Umweltpolitik nach dem Motto »Nach uns die Sintflut« künftigen Generationen die Existenzgrundlage.

Als Sarah am nächsten Nachmittag zur Inspizierung meiner häuslichen Verhältnisse eintrudelte, war Aglaya noch in der Kindertagesstätte. Lutz empfing Sarah mit warmer Herzlichkeit; so signalisierte er, daß er bereits im Bilde war. Sie wirkte anfangs ein wenig verlegen und drückte ihre Bewunderung für unsere von Lutz liebevoll zusammengetrödelte Einrichtung aus. Genau wie unter uns am Vorabend besprochen vertrat Lutz auch ihr gegenüber die Meinung, daß wir selbst entschei-

den müßten, was wir uns zutrauen könnten; er betonte ausdrücklich, daß weder ich ihm, noch er mir »gehören« würde. Wir sind uns einig, daß eine Beziehung nicht zur Aufgabe des Selbstbestimmungsrechts des anderen führen muß.
Mit Lutz erlebe ich die erste echte Partnerschaft, in der keiner versucht, den anderen zu ändern, geschweige denn zu bevormunden. Wir verstehen uns ohne »wenn und aber«, und oft auch ohne Worte. Wir sind beide frei und selbstständig, ohne durch Sachzwänge aneinander gekettet zu sein. Ich verlange nicht von einem Partner, daß er mich versorgt, aber er muß in der Lage sein, mit sich und für sich selbst klarzukommen. Ob es ihm nichts ausmache, mit einer schwangeren Frau zusammen zu sein, ohne der Vater zu sein, wollte Sarah von Lutz wissen.
»Warum?« antwortete er achselzuckend und fügte, ihre Gedanken lesend, hinzu, daß ihm schon immer egal gewesen sei, was die anderen denken. Gemeinsam besprachen wir, daß das Kind in Frankreich geboren werden sollte. Einige Wochen vor der Entbindung sollte ich zusammen mit Lutz und Aglaya in die Provence fahren, wo Sarah eine Wohnmöglichkeit in einem kleinen Landhaus für uns bereitstellen wollte.
Als Lutz loszog, um unsere Kleine aus der Kita abzuholen, war Sarahs anfängliche Unsicherheit einer gelösten Heiterkeit gewichen. Was sollte schon schiefgehen zwischen uns? Mit einem Menschenleben macht mensch keine Geschäfte; allein unser gegenseitiges Vertrauen galt mehr als jede gesetzliche Absicherung. Bis Lutz mit Aglaya zurückkam, unterhielten wir uns ganz entspannt über unsere Zukunftspläne: Sarahs künftiges Mutterdasein und die Veränderungen, die damit einhergehen würden. Ausführlich beschrieb sie mir die Schönheit der Landschaft, in der sie und ihr Mann zuhause seien.
Wenig später konnte sie endlich meinen kleinen Schatz als »Musterexemplar« in Augenschein nehmen. Da noch Sommer war, war die damals dreieinhalbjährige Aglaya ein aufgewecktes Energiebündel, deren koboldhaft blitzenden Augen die

Qualen des vergangenen Winters nicht mehr anzusehen waren. Ihre anfängliche Schüchternheit gegenüber Sarah verflog rasch, und ich konnte mit Freude beobachten, wie die beiden miteinander rumalberten. Sarah würde ganz bestimmt eine liebevolle, natürliche Mutti abgeben, davon war ich überzeugt. Meine Wut über den »Macho-Journalismus«, der ungewollt kinderlosen Frauen oftmals Neurosen unterstellt, kochte erneut in mir hoch.

Zum Abschied gab ich Sarah mein »Statement« und den *Konkret*-Artikel. Ich wollte ihr damit meine Grundeinstellung zur »Leihmutterschaft« noch einmal detailliert unterbreiten. Auch ein Foto für Roger ging mit auf die Reise nach Frankreich.

Beim nächstgelegenen Frauenarzt ließ ich die Spirale entfernen. Da ein Arzt an die Schweigepflicht gebunden ist, erzählte ich ihm von meiner Absicht, »Leihmutter« zu werden, wobei ich ihm auch meine und die Lebensumstände meiner Tochter kurz schilderte. Umstände, die einem Arzt in Berlin-Kreuzberg schon vielfach zu Ohren gekommen sein dürften.

Er war trotzdem nicht wenig erstaunt. Einer Frau, die »Leihmutter« werden wollte, war er noch nicht begegnet. Mit dem Thema »Leihmutterschaft« hatte er sich bislang nicht auseinandergesetzt. Nach den näheren Umständen befragt, erzählte ich ihm von Sarah und gab ihre Einschätzung der Situation in Frankreich an den Arzt weiter. Er enthielt sich aber jeglichen Kommentars und widmete seine Aufmerksamkeit meiner körperlichen Verfassung. Vom gesundheitlichen Gesichtspunkt aus stehe einer Schwangerschaft nichts entgegen, nur solle ich in den ersten drei Monaten nach Entfernen der Spirale möglichst nicht schwanger werden, da das erhöhte Risiko einer Fehlgeburt bestehe.

Zum Abschied drückte er mir fest die Hand und wünschte mir viel Glück. Ich wußte, daß er es ehrlich meinte und beschloß, gegebenenfalls die Schwangerschaftskontrolluntersuchungen bei ihm durchführen zu lassen.

Am Abend desselben Tages rief ich Sarah an und teilte ihr die Empfehlung des Arztes mit, drei Monate zu warten. Sie beschloß, den Marseiller Arzt darauf anzusprechen. Einige Tage später bekam ich die schriftliche Antwort von ihr:

Liebe Felicitas!

Wie verabredet schicke ich Dir das Formular und die Informationsbroschüre des Marseiller Arztes. Ich habe Dir einige Übersetzungen mit Bleistift daneben geschrieben.

Im letzten Absatz, in dem nach den Gründen, weshalb Du Leihmutter werden möchtest, gefragt wird, müßtest Du neben Deiner Motivation auch angeben, daß Du das Kind für M. et Mme. Duval austragen willst.

Weiterhin ist vereinbart, mit dem Arzt ein Gespräch zu führen. Dafür ist es notwendig, daß Deine Unterlagen erstmal ausgefüllt bei ihm liegen. Nach meinen neueren Auskünften ist es durchaus möglich, eine künstliche Befruchtung am ersten Eisprung nach »Sterile«-(Spirale) Entnahme durchzuführen. Deshalb schlage ich Dir vor, am 10. Tag nach dem 1. Tag Deiner nächsten (kommenden) Regelblutung hier in Marseille vorzusprechen. Dann könnte bei positivem Ergebnis Deines Gesprächs mit dem Arzt bereits am 11. Tag mit der künstlichen Befruchtung begonnen werden. D. h. , daß ich natürlich so schnell wie möglich wissen müßte, wann Dein erster Regeltag ist, um einen Gesprächs- bzw. Befruchtungstermin zu vereinbaren. Telefonisch geht es am schnellsten.

Was mich und meinen Mann bezüglich unserer Entscheidung anbetrifft, so ist es so, wie ich es Dir telefonisch mitgeteilt habe. Wir sind beide der Meinung, daß Du für uns ideal in Frage kommst, da Deine Motivation dazu ganz klar ist, zumal noch fundiert in Deinem Aufsatz ausgeführt.

Die beidseitig geforderten Bedingungen sind akzeptiert; schriftlich fixieren können wir das, wenn Du das erste Mal in Marseille bist.

Wenn Du die Reisekosten vorausbezahlt haben willst, ruf

doch kurz an; denn der schriftliche bzw. Überweisungsweg ist lang zwischen Frankreich und Berlin . . .
Ich bin jedenfalls sehr froh, daß wir uns kennengelernt haben und hoffe, daß wir bald alles praktisch angehen. Voraussichtlich kommst Du im September hierher. Dann ist noch schönes Wetter, und Du kannst den Aufenthalt mit einem kleinen Urlaub, Sonne, Meer, usw. verbinden. Ich hole Dich vom Flughafen oder vom Bahnhof ab, wie Du willst. Du mußt ca. fünf Tage einplanen.

Also bis bald.
Viele Grüße
Sarah Duval

Die beigefügten »Unterlagen« waren zwei Fragebögen. Einer befaßte sich mit dem äußeren Erscheinungsbild, Haut-, Haar- und Augenfarbe, Körpergröße und Gewicht.
Der andere stellte ein Quiz rund um mein Menstruationsgeschehen dar und enthielt außerdem die Frage nach meiner Motivation. Ein Vertrag war nicht dabei. Ein neunseitiges Hochglanz-Heftchen in ultramarinblauem Druck war die »Informationsbroschüre«.
»MERES D'ACCUEIL« prangte in fetten Lettern auf der Titelseite. »Mutter im Auftrag« übersetzte ich diese Wortschöpfung. Der Untertitel verkündete die Frohe Botschaft: »Un espoir pour les couples sans enfants« (Eine Hoffnung für Kinderlose).
Den Blickfang der Titelseite bildete ein blauer Kreis, auf dessen rechter Hälfte weiße Linien einen zusammengekauerten Embryo darstellten; die linke schmückte eine stilisierte Eizelle mit auf sie zustrebenden Spermien. Darunter fand sich die Anschrift des Urhebers:
Centre d'Exploration Fonctionelle et d'Etudes de la Reproduction (CEFER)
21, Rue Edmond Rostand
13006 Marseille

Übersetzt heißt das: »Zentrum zur funktionellen Erforschung und Studien zur Reproduktion.«
Ich machte mir nicht die Mühe, das gesamte Machwerk durchzulesen. Meine Französischkenntnisse schlummerten im hintersten Stübchen meines Gedächtnisses. Daher begnügte ich mich mit flüchtigem Anlesen. Auf Seite eins wurde ohne Überschrift oder Vorwarnung eine Stelle aus dem Alten Testament zitiert:
»Sarah, die Ehefrau Abrahams, konnte keine Kinder bekommen. Sie lieh ihrem Gatten die Sklavin Agar. Die Ägypterin schenkte Ismaël das Leben.«
Ich überflog die Kapitelüberschriften: »Pret Uterus« (»Leihuterus«), »Donner la vie« (»Leben geben«), Anonymat et Transparence« (»Anonymität und Transparenz«).
Anonymität!? Sarah und ich hatten uns doch persönlich kennengelernt. Als für uns ohnehin nicht zutreffend, legte ich die Broschüre aus der Hand. Wie sich später herausstellen sollte, hätte ich besser daran getan, meine Faulheit zu überwinden und das Ganze ausführlich zu studieren. Dann wären Sarah und mir einige üble Überraschungen erspart geblieben.
Ich machte mir über den praktischen Ablauf keine Gedanken. Sarah und ich hatten Vertrauen zueinander, und das schien das einzige zu sein, was wirklich zählte. Fast empfand ich Sarah als »große Schwester«, zumindest aber meinte ich, eine tiefe Seelenverwandtschaft zwischen uns zu spüren. Auch sie war durch Höllen gegangen, die Frauen vorbehalten sind, ohne den Mut und das Lachen zu verlieren. Unser Altersunterschied ist der gleiche, der mich von meiner acht Jahre jüngeren Schwester trennt.
Dr. Geller, der Marseiller Arzt, der sich selbst und seine Organisation in der Broschüre darstellte, kämpfe seit langem für die endgültige juristische Absegnung der »homologen« (nicht »in vitro«) »Leihmutterschaft«. Das hatte Sarah ehrfurchtsvoll betont. Mit Fernsehauftritten und Presseerklärungen versuche er, Vorurteile und Tabus abzubauen, um so den Weg für eine

Legalisierung zu ebnen. Bis es soweit ist, fühlt er sich berufen, das Recht in seine Hände zu nehmen. Das Auftraggeberpaar muß sich verpflichten, 50 000,— Francs für die »Leihmutter« auf einem Sperrkonto seiner Organisation zu deponieren und das Kind nach der Geburt auf jeden Fall anzunehmen.
Ich ging davon aus, daß sich meine Kontakte mit CEFER nur auf die künstliche Besamung und auf die in Aussicht gestellte Risikoversicherung beschränken würden.
Bei unserem ersten Kennenlernen und dem Kaffeeplausch am darauffolgenden Tag hatte ich nicht all die grausigen »Eventualitäten« — Tot- und Fehlgeburt sowie mögliche Mißbildungen — ansprechen wollen. In der Broschüre fand sich kein Hinweis auf die Risiken für die »Leihmutter« und/oder das Kind. Das Heftchen stellte wohl auch mehr ein »Hoffnungsträger« für kinderlose Paare dar als echte detaillierte Information für alle Beteiligten. Bei Sarahs Besuch in Berlin hatte ich Skrupel, unsere gerade erst entstandene Annäherung durch das Heraufbeschwören von Horrorvisionen zu zerstören. Unangenehm genug war schon, daß wir die finanziellen Aspekte hatten durchsprechen müssen. Die Aufwandsentschädigung — mein »Blutgeld«, wie ich es nannte — sollte zur Hälfte direkt nach der Geburt bezahlt werden; der Rest nach meiner Einwilligung zur Freigabe des Kindes.
Durch die Schilderung meiner sozialen Situation hatte ich Sarah auch ein Gefühl des Vertrauens und der Sicherheit geben wollen. »Wenn ich durch einen dummen Zufall schwanger geworden wäre, hätte ich das Kind abtreiben lassen; ich hätte keine Möglichkeit mehr gesehen, mit meiner Familie dem Elend zu entkommen. Selbst wenn die Trennung von *Deinem* Kind mir das Herz brechen würde, hätte ich gar keine Möglichkeit, es zu behalten«, hatte ich ihr gesagt, um ihr die Angst vor meinem »Mutterinstinkt« zu nehmen. Mit zwei Kindern wäre unsere Flucht ins »ökologische Exil« kaum zu schaffen und ich müßte zusehen, wie den Kleinen ihre Kindheit buchstäblich vergiftet würde.

Sarahs »Wunschkind« sollte uns eine finanzielle Basis für den Ausstieg aus der Konsumgesellschaft verschaffen. Niemals jedoch hätte ich auf das Inserat einer »Institution« geantwortet. Anonyme Auftraggeber wären nie in Frage gekommen; ein Mensch ist keine Handelsware. Einzig und allein das Vertrauen in die zukünftige Mutter des Kindes könnte für mich die Trennung von einem Menschen, den ich neun Monate unter dem Herzen tragen würde, erträglich machen. Lutz stimmte mit mir überein und sah nichts Verwerfliches in meinem Vorhaben, Sarah zu helfen; so wie sie mir helfen würde.
Eine anonyme »Leihmutterschaft« erschien uns als Gipfel der Menschenverachtung — noch nicht einmal Hunde oder Katzen werden von verantwortungsvollen Züchtern in unbekannte Hände abgegeben; von einer »Leih-Rabenmutter« wird diese Herzlosigkeit verlangt. Dr. Geller, der Marseiller »Reproduktionstechnologe«, ignoriert völlig, daß zwischen Mutter und heranwachsendem Wesen zwangsläufig eine Verbundenheit entsteht und damit auch ein gewisses Maß an Verantwortung. Für die Auftraggebereltern ist das persönliche Kennenlernen und die Bildung einer Vertrauensbasis ebenso wichtig, denn schon das äußere Umfeld der werdenden Mutter beeinflußt nachweislich auch das Ungeborene. Bei einer Anonymität treten früher oder später auch Unsicherheiten dem Kind gegenüber auf; die eine oder andere unerwünschte Eigenschaft könnte der unbekannten dunklen Herkunft des Kindes zugeschrieben werden.
In Frankreich, so dachte ich, hätte ich auch Gelegenheit, die Risiken und deren Absicherung anzusprechen. Zwei Tage nach Erhalt schickte ich die ausgefüllten Fragebögen zur Weiterleitung an Sarahs Adresse.
Zur exakten Eisprungbestimmung und um menschlichem Versagen vorzubeugen, hatte ich mir eigens einen taschenrechnergroßen, mit Thermometer versehenen Zykluscomputer zugelegt.

Die erste Reise nach Marseille

Am ersten Tag meiner Regelblutung rief ich Sarah wie vereinbart an. Wie sich herausstellte, waren die Flugverbindungen zwischen Marseille und Berlin schlecht und obendrein sehr teuer. Ich hatte sowieso schon fast ein schlechtes Gewissen wegen der dreißigtausend Mark, die ich von Sarah forderte; wenigstens wollte ich die sonstigen Unkosten so gering wie möglich halten. Ich entschloß mich, die Ochsentour mit dem Ost-West-Express auf mich zu nehmen.

Nach einer überaus anstrengenden Fahrt — ich habe wegen eingesparter Platzkarte fast die ganze Zeit auf dem Gang verbringen müssen — trafen die wasserlosen »Müllcontainer« mit der Aufschrift Paris—Warschau mit fast zweistündiger Verspätung am Gare du Nord in Paris ein. Gleichzeitig fuhr der geplante Anschlußzug nach Marseille am Gare de Lyon ohne mich ab.

Ich versuchte telefonisch, Sarah zu erreichen, doch am anderen Ende hob niemand ab. Ich wählte noch einmal und rief in Berlin an. Wenn ich nicht am Bahnhof stünde, würde sie sich bestimmt bei Lutz melden. Sarah war in Hochstimmung, als ich müde, hungrig und verschwitzt nach fast vierundzwanzigstündiger Fahrt in Marseille eintraf. Unsere Begrüßung war überaus herzlich; wir küßten uns auf französische Art mehrfach auf beide Wangen.

Mit Hilfe von Stadtplan und Rückfragen bei Passanten fanden wir das Hotel, in dem Sarah ein Zimmer für mich bestellt hatte. Sie kannte Marseille kaum besser als ich. Vor Jahren hatte ich zehn Kilometer von der Stadt entfernt in den malerischen Felsenbuchten, den Calanques bei Cassis, einen traumhaft schönen Sommer verbracht. Damals bin ich auch durch Marseille gefahren, jedoch ohne das Bedürfnis, die Stadt näher kennenzulernen. Das Hotel befand sich in der Rue Paradise; es

war Sarah empfohlen worden, weil es nur zwei Minuten vom »Befruchtungslabor« entfernt lag.
Mein Zimmer war groß und geräumig. Es enthielt ein einladendes französisches Doppelbett, einen riesigen Kleiderschrank mit Spiegeltüren, Tisch und Stuhl, sowie Radio, Fernseher und Minibar; auch eine Klimaanlage war vorhanden. Sie hat sich in Unkosten gestürzt, nur damit ich mich wohlfühle, dachte ich einigermaßen verlegen angesichts von soviel Luxus. Eine Standardunterbringung hätte mir auch genügt. Obwohl hungrig, war ich zu aufgekratzt, um ausgiebig und kalorienreich essen zu können. Bei leichter Kost — einem delikaten gemischten Salat mit Brot, Käse, Wein und einem Obstteller zum Dessert — besprach ich mit Sarah das Programm für den nächsten Tag. Es war spät geworden, als wir uns herzlich, ja fast zärtlich voneinander verabschiedeten.
In dieser Nacht fand ich kaum Schlaf, obwohl ich zum Umfallen müde war. Unablässig kreisten meine Gedanken um Sarah und ihren Wunsch. Ich bildete mir ein, daß es meinem Körper und meiner Psyche guttun würde, wieder schwanger zu sein, diesmal unbelastet von Zukunftsängsten.
Wie vereinbart holte mich Sarah am darauffolgenden Vormittag ab, um mit mir zusammen bei Dr. Geller vorzusprechen. Wieder strahlte sie bei unserer Begrüßung über das ganze Gesicht. Die noch fast heiße Spätsommersonne schien nur ein Spiegel unserer inneren Empfindung zu sein. Fast hätte mensch uns für ein Liebespaar halten können, so vertraut und herzlich mutete unser Umgang an. Zumindest aber empfanden wir die Gewißheit einer verschworenen Solidarität, die in dieser Form nur Frauen zugänglich ist. Ich hatte nicht die geringste Orientierung, wo sich Dr. Gellers Privatpraxis befand; durch meine unbeschwerte Plauderei hatte sich Sarah mehrfach verfahren. Anschließend zum Schweigen verurteilt, konnte ich ungestört ihre Gesichtszüge studieren. Der Straßenverkehr und die übliche großstädtische Geschäftigkeit drangen kaum in mein Bewußtsein.

Dr. Geller — Hormonologe — prangte auf dem blankpolierten Messingschild am Eingang seiner Praxis. Benutzte Aschenbecher im Wartezimmer luden dazu ein, sich selbst auch eine anzustecken. Sarah bot mir eine Zigarette an. Für mich stand fest, daß ich die Sucht, genau wie damals in der Schwangerschaft mit Aglaya, unterdrücken würde, wenn ich Sarahs Kind austragen würde. Noch während wir in gespannter Erwartung rauchten, öffnete sich die Tür zum Sprechzimmer.
Vor uns stand ein etwa einmetersechzig kleiner, magerer, drahtiger Mann. Der kurzärmelige Kittel ließ sehnige, sonnengegerbte Arme sehen. Kurze, graumelierte Haare bedeckten dicht wuchernd seinen schmalen Schädel. Dunkle, lebhafte, aber leicht hinterlistig funkelnde Augen wurden von buschigen, nach oben geschwungenen Brauen überschattet. Eine ausgeprägte Raubvogelnase vervollständigte das Klischee eines »Dr. Frankenstein«. Er drückte zuerst mir, dann Sarah kräftig die Hand. Sein zähnefletschendes Lächeln, das wohl charmant wirken sollte, hatte etwas »Jägerhaftes« an sich.
Ich hatte meinen alten Mutterpaß und den Zykluscomputer mitgebracht. Während des sogenannten psychologischen Einführungsgesprächs thronte der Halbgott in Weiß hinter seinem Schreibtisch. Sarah und ich hatten ihm gegenüber Platz genommen. Mir war von vornherein klar, was der Sinn dieses Einführungsgesprächs sein sollte. Geller wollte ausschließen, daß ich das Kind nach der Geburt behalten würde.
Mein »Armutszeugnis« nahm er mit sichtlicher Freude zur Kenntnis. Von der Sonne seines eigenen Genies beschienen, hörte er gnädig und wohlwollend zu, während Sarah fast simultan übersetzte. Ich kam aber nicht dazu, die mir wichtigen Fragen zu stellen. Sarahs Anwesenheit gab mir auf der einen Seite das Gefühl von Sicherheit, auf der anderen eine Art von Befangenheit, die mich hinderte, die grausigen Eventualitäten anzusprechen:
Was passiert, wenn ich eine Fehlgeburt habe?
Was, wenn das Kind mißgebildet oder tot zur Welt kommt?

Was, wenn ich selbst dabei zu Schaden kommen sollte?
Wie ist meine Tochter für diesen Fall versorgt?
Nachdem der »Small-talk« anscheinend zur allgemeinen Befriedigung verlaufen war, folgte die unvermeidliche Untersuchung. Sarah blieb im Sprechzimmer, während ich Geller ins Untersuchungszimmer folgte. Der Gyno-Stuhl war mit flaschengrünem, gefurchtem Kunstleder bezogen. In der Mitte der Sitzfläche schimmerte eine schmierig glänzende, ovale Stelle. Einwegpapier, wie sonst üblich, fehlte. Widerwillig nahm ich trotzdem Platz; so gut es ging, vermied ich jeden Kontakt mit bewußter Stelle. So schnell wie möglich wollte ich die leidige Untersuchung hinter mich bringen.
Schon seit frühester Kindheit beschleicht mich jedesmal panische Angst an den Tatorten der »Weißkittel«. Es geht mir dabei nicht anders als meinem Kater, der jedesmal beim Tierarzt vor lauter Angst vierzig Grad Fieber bekommt, während er hilflos am ganzen Körper zittert. Kraft der Vernunft war es mir im Laufe der Zeit gelungen, meine urzeitlichen Fluchtinstinkte halbwegs unter Kontrolle zu halten.
Die gesamte gynäkologische Untersuchung war mehr eine oberflächliche Fummelei.
Danach wurde ich vermessen und gewogen. Knapp fünfzig Kilo brachte ich mit meinen einssiebzig noch auf die Waage: die Tortur von Berlin nach Marseille hatte fast drei Kilo aufgezehrt. Als er anschließend meine Brüste untersuchen wollte, wich ich unwillkürlich zurück. Das schmerzhafte Quetschen, das der Feststellung von Milchfluß dienen sollte, kannte ich aus früheren Untersuchungen. Mit meiner Aussage, daß immer noch ein paar Tropfen herauskämen — ich hatte Aglaya ein Jahr gestillt —, mußte er sich zufriedengeben. Mir vis-à-vis gegenüberstehend vermaß er die Längenproportionen meiner Extremitäten, wobei er seine eigenen Gliedmaßen als »Eichmaß« nahm. Ich fragte mich, wozu das gut sein sollte. Die Untersuchung war damit beendet. Einen Abstrich oder auch eine Blutanalyse hielt er offensichtlich für überflüssig.

Bevor Geller uns entließ, befahl er, wie ich meine Temperatur künftig zu messen hätte. Von meinem Zykluscomputer hielt er nicht viel. Außerdem sollte ich meinen gesamten Urin von acht Uhr abends bis acht Uhr morgens in einem Kanister auffangen und am nächsten Tag mit ins Befruchtungslabor bringen. Diese Prozedur sollte ich insgesamt drei Tage hintereinander durchführen. Zu guter Letzt verschrieb er mir noch ein Grippemittel, da sich herausgestellt hätte, daß es den Schleim in den Eileitern verflüssige, was die Passage des reifen Eis begünstige.
Nachdem Sarah das verordnete Medikament und ein gewöhnliches Fieberthermometer zur künftigen Rektalmessung besorgt hatte, fuhren wir zum öffentlichen Strand von Marseille. Dort hatte ich Gelegenheit, das ganze Ausmaß der Verwüstungen, die unfruchtbare medizinische Versuche auf ihrem geschundenen Frauenleib hinterlassen hatten, eingehend zu betrachten. Der Anblick tat weh; fast hätte ich meine Hand auf ihren Bauch gelegt — doch ein unbestimmtes Gefühl hielt mich davon zurück. Wir unterhielten uns über Dr. Geller; ich sprach über mein verletztes Ehr- und Hygieneempfinden und die schlampige Art der Untersuchung. Sie reagierte darauf eher amüsiert.
»Na ja«, meinte sie, »es ist hier eben nicht alles so penibel wie in Deutschland, was auch seine Vorteile hat.« Die typisch deutsche Akribie und Gründlichkeit war ihr verhaßt, wobei ich ihr im großen und ganzen beipflichten mußte. Das französische »laisser faire« ist auch mir sympathischer. Mit der Bemerkung, daß jede Medaille zwei Seiten hat, beendeten wir die Diskussion.

Im Auto zog sie einen Zeitungsartikel aus dem Handschuhfach. Ein halbseitiges Foto zeigte eine junge Frau, die sich halb liegend über ein Neugeborenes beugt. »Der letzte Kuß«, war auf französisch zu lesen. Dem Artikel zufolge handelte es sich um eine »Austragemutter« (mére porteuse), die sich keinen seeligeren Zustand als den des gesegneten Leibes vorstellen

konnte. Ein Vergleich mit der Jungfrau Maria als quasi »Leihmutter« durfte nicht fehlen: »Unbefleckte Empfängnis!« Ich ärgerte mich. Schon wieder wurde über eine »Leihmutter« geschrieben, ohne daß die Betroffene selbst zu Wort kam . . . Auf den folgenden Seiten waren drei Frauen — ob »trächtig« oder nicht, ließ sich nicht ausmachen — abgebildet. Eine davon sollte die erste französische »mére porteuse« darstellen, die deswegen zur »Präsidentin der Leihmütter« ernannt wurde. Beim Betrachten der Bilder mußte ich unwillkürlich an glückliche Kühe denken.
Sarah hatte die Zeitung wohl deswegen mitgebracht, um mir den quasi offiziellen Status der »Leihmutter« in Frankreich zu beweisen. Schon damals entschloß ich mich, meine »Leihmutterschaft« selbst zu dokumentieren.
»Laß dich von den deutschen Verhältnissen nicht beeindrucken! Die müssen immer alles genau bis aufs i-Tüpfelchen haben, bevor sie sich was zutrauen«, spöttelte Sarah. »Es ist ein Glück, daß es mutige Ärzte wie Dr. Geller gibt, die sich für die Belange kinderloser Paare einsetzen«, befand sie.
Sie lobte sein uneigennütziges Engagement, dem eine positive Öffentlichkeitseinstellung zu verdanken sei; er sei ein entschiedener Streiter für die einfache, homologe »Leihmutterschaft«. Seine Argumente, so fand Sarah, ähnelten meinen aus dem »Statement«. Seine nicht ausschließlich beruflichen Interessen könne frau ihm angesichts seiner großen Verdienste getrost verzeihen. Bei ihrer eigenen Untersuchung zur Verifizierung ihrer Unfruchtbarkeit sei es ihr ähnlich wie mir ergangen.
»Er ist eben ein typisch französischer Gockel«, schloß sie und tröstete mich damit, daß ich künftig nichts mehr mit ihm zu tun hätte.
»Was ist, wenn etwas schiefgeht?« »Etwas« — mit diesem Wort wollte ich ihr und mir die einzelnen, unvorhersehbaren Risiken umschreiben. Sie schaute mich an, als verstünde sie nicht, was ich meinte.

»Nach Eintritt der Schwangerschaft müssen wir eine Versicherung für dich abschließen«, erklärte sie ein wenig ungehalten. Mit dem Versprechen, mich am nächsten Tag vom Labor abzuholen und auch den Vertrag mitzubringen, den sie und ihr Mann unterschreiben mußten, setzte sie mich am Hotel ab. »Hast du Lust, anschließend nach Cassis in die Calanques zu fahren?« fragte sie, bevor ich die Autotür zuschlug. Und ob ich Lust hatte, ihr Vorschlag ließ die Sonne wieder aufgehen. Unser Abschied war von schon fast gewohnter warmer Herzlichkeit. Ich wollte sie mit meiner Fragerei nicht unnötig belasten. Sie hatte soviel mitgemacht; ich wollte ihr nicht auch noch wehtun.

Im Hotelzimmer begutachtete ich die Mitbringsel; ein Fieberthermometer, ein rosa Pappkärtchen mit Tages- und Temperaturkoordinaten und die dicken Grippekapseln. Ich verstand nicht alles, was auf dem Beipackzettel stand und beschloß, das Zeug nicht zu nehmen. Auf dem rosa Kärtchen entdeckte ich am unteren Rand eine Aufschrift: Modèle S. Geller. Dieser eingebildete eitle Gockel entblödet sich nicht, auf einem gewöhnlichen Diagramm, normalerweise namenlos in jeder Apotheke erhältlich, seine »Marke« zu hinterlassen, dachte ich böse. Der weiße Plastikkanister hatte eine ähnliche Form wie solche, die für Benzin verwendet werden. Er faßte etwa zwei Liter; am Griff hing ein Schild mit meinem Namen. Als ich ihn schüttelte, stellte ich fest, daß er nicht leer war. Durch die etwa zwei Zentimeter durchmessende Einfüllöffnung konnte ich einen Papierschnitzel erkennen. Es war nicht schwer zu erraten, daß dies ein Indikatorpapier zu Hormonanalysezwecken war. Aus dem innerhalb von zwölf Stunden aufgefangenen Urin können keinerlei serologische oder bakteriologische Befunde, die auf den Gesundheitszustand schließen lassen, gewonnen werden.

Der erste Befruchtungsversuch

Ganz in der Nähe des Hotels, in einer Parallelstraße zur Rue Paradise, der Rue Edmond Rostand, befindet sich das Befruchtungslabor von CEFER. Mit nur kärglich gefülltem Kanister — Geller hatte nicht an den »kleinen Unterschied« gedacht und den Trichter vergessen — betrat ich zum vereinbarten Zeitpunkt das konservativ-gediegen eingerichtete Foyer der »Babymacher«.

Verlegen grüßten andere Frauen und Männer(!). »Was machen denn die Typen hier? Ihren Samen abliefern?« schoß es mir unwillkürlich durch den Kopf.

Nach kaum fünfminütiger Wartezeit kam ich an die Reihe. Madame Lemasson, die Chefin des Labors, begrüßte mich mit herzlich-kräftigem Händedruck. Ihre äußere, sympathische Erscheinung erinnerte mich an Simone Signoret; eine gepflegte Mittvierzigerin. Im Gegensatz zu Geller war sie von meinem kleinen Computer begeistert und ließ sich bereitwillig die Funktionsweise erklären. Zu meiner Erleichterung war der Gynostuhl mit dem üblichen Einwegpapier ausgestattet. Während Madame Lemasson mit Gynobesteck meinen Uterushals fixierte, stellten wir Vergleiche zwischen dem Marseiller und dem Berliner Klima an.

Auf dem Tablett, das sie anschließend hereinbrachte, nahm ich einen dünnen Schlauch mit etwa einem halben Zentimeter Durchmesser wahr, an dessen einem Ende etwas hing, das wie eine Injektionsspritze aussah. Was dann geschah, konnte ich wegen meiner Körperhaltung — halb auf dem Rücken liegend, die Füße in Metallschlaufen — nicht genau erkennen. Soweit ich Madame Lemasson verstanden hatte, wird das Sperma direkt in den Uterus injiziert, was die Chancen einer Befruchtung erhöht. Beiläufig erwähnte die Laborchefin, daß es beim ersten Mal meist nicht klappt. Sie sagte das so, als ob sie damit ihr Tun verharmlosen wollte. Wenn auch nach dem dritten Versuch keine Schwangerschaft eingetreten sei, werde eine gründliche Untersuchung vorgenommen. Ich fragte mich, ob ich dann noch einmal Gellers oberflächliche Fummelei über mich ergehen lassen müsse, und was er, nach dreifach gescheiterter künstlicher »Besamung« — so heißt der Vorgang korrekterweise — unter »gründlicher« Untersuchung verstünde. Ohne Ruhephase, unmittelbar nach der »Besamung«, durfte ich wieder aufstehen.

Während die »Babymacherin« in einen der angrenzenden Räume ging, um einen frischen Kanister, diesmal mit Trichter, zu besorgen, hatte ich Gelegenheit, mich ein wenig umzusehen. An einer Wand im Nebenzimmer hingen an einer Pinnwand Fotos diverser Neugeborener. »Les enfants de CEFER« (die Kinder von CEFER) stand auf einem darüber befestigten Schildchen. Diese »Reproduktionstechnologen« scheinen sich als »Eigentümer« der durch sie zustandegekommenen Kinder zu fühlen, dachte ich mit einem Anflug von Zynismus.

Wenig später traf auch Sarah im Labor ein.

»Na, wie wars?« stieß sie hastig hervor.

»Keine große Aktion«, antwortete ich mit betonter Gelassenheit.

Beim gemeinsamen üppigen Mittagessen berichtete ich ihr detailgetreu die Einzelheiten, wobei ich sie über den korrekten Ausdruck »künstliche Besamung« aufklärte, denn die eigentliche »Befruchtung« ist eine »natürliche«, da sie im Unterschied zur »in vitro Fertilisation« im Körper stattfindet.

»Madame Lemasson macht nichts anderes als ein Veterinär, der mit Massenviehhaltung zu tun hat. Moderne Kühe sind ›jungfräuliche‹ Mütter«, bemerkte ich sarkastisch. Mit amüsiertem Grinsen honorierte Sarah meinen Vergleich mit der Viehzucht.

Madame Lemasson hatte auch mit ihr gesprochen und sie über die geringen Erfolgsaussichten bei der ersten Besamung unterrichtet. Trotzdem klammerte sich Sarah an diesen Hoffnungsstrohhalm; Rogers Sperma sei gründlich (und teuer) untersucht worden, auch habe er Medikamente zur »Mobilitätssteigerung« der Spermien einnehmen müssen, vertraute sie mir an.

»Wenn es diesmal mit aufgetautem Sperma nicht geklappt hat, kann das nächste Mal, wenn du wieder in Marseille bist, ein Versuch mit frischem Sperma unternommen werden. Roger kann in die Stadt kommen und seinen Teil im Labor vorbeibringen; Sperma ist auch ohne Kühlung mehrere Stunden haltbar«, klärte sie mich auf.

Gut abgefüttert machten wir uns auf den Weg nach Cassis. Eine bittersüße Erinnerungswelle überrollte mich, als ich die ausgewaschenen, pinienbewachsenen Kalksteinfelsen erblickte. Mit Befriedigung stellte ich fest, daß sich nichts verändert hatte. Immer noch mündete dieselbe kurvenreiche Straße in einen kleinen Parkplatz. Von dort aus ging es nur noch zu Fuß weiter; die schönsten Badeplätze waren nur über steile Felsenpfade zu erreichen.

»Scheiße!« stieß Sarah ärgerlich hervor, während sie die Wagentüren noch einmal kontrollierte. »Ich habe meine Tage gekriegt, obwohl es noch gar nicht an der Zeit ist.« Sie bat mich nachzusehen, ob ihre weiße Jeans was abbekommen hatte.

»Nur von schräg unten ist ein kleiner Fleck zu erkennen«, beruhigte ich sie. Ein merkwürdiger Zufall, dachte ich bei mir; mein Ei soll »hüpfen«, und sie blutet außerplanmäßig. Ihr Rückendeckung gebend, hatte ich Mühe, ihr, die wie eine Bergziege kraxelte, auf dem glatten, rutschigen Felsenpfad zu folgen.

Die Mittagssonne stand brennend am wolkenlosen Himmel, es roch genau wie früher nach schwitzenden Pinien, Meer und hier und da nach Scheiße; Klopapierfahnen, leere Getränkedosen und sonstiger Müll waren die gewohnten Überbleibsel ungehobelter Zivilisationsmenschen.

Während des etwa zwanzigminütigen Aufstiegs tauschten wir nur kurze Belanglosigkeiten aus. Staunend über Sarahs beachtliche Kondition, keuchte ich hinter ihr her. In Berlin hatte ich mir zum Schutz vor Smog-Luft angewöhnt, flach zu atmen.

Erschöpft und schwitzend erreichten wir ein ausgewaschenes Felsbett, an dessen Fußende, eineinhalb Meter tiefer, glitzernd blaues Wasser ein angenehm gleichmäßiges Plätschern ertönen ließ. Im Halbschatten einer Pinie erholte ich mich rasch von den Kletterstrapazen. Irgendwie kam mir unser Lagerplatz bekannt vor. Vielleicht hatte ich vor vielen Jahren schon einmal an derselben Stelle Meer, Sonne und Wind genossen. Ein bunter »flash-back« entführte mich in die Vergangenheit, während Sarah versuchte, den verräterischen Fleck mit Meerwasser zu entfernen. Ich war froh, den Zweck meiner Reise für einen Augenblick vergessen zu können.

Geller und das Befruchtungslabor tauchten wieder auf, als Sarah den Vertrag, den sie und ihr Mann in Gegenwart eines CEFER-Mitglieds unterzeichnet hatten, auspackte. Ohne das Papier aus den Händen zu geben, übersetzte sie mir einen Absatz, in dem ausdrücklich erklärt wurde, daß nur *erwiesenermaßen* unfruchtbare Frauen, denen auch Operationen und »in vitro«-Versuche nicht helfen konnten, das Recht hätten, als letzte Möglichkeit eine »Leihmutter« zu beanspruchen. Unwillkürlich wanderte mein Blick wieder auf ihren geschundenen Frauenbauch.

Sarahs Stimme klang gequält, als sie diesen Passus verlas. Das Schriftstück senkend, hielt sie inne:

»Ich habe alles über mich ergehen lassen müssen. Nachdem die Eileiteroperation mißlungen war, mußte ich wochenlang starke Hormonpräparate schlucken, damit genügend Eier für eine ›in vitro Fertilisation‹ heranreiften. Weißt du, wie beschissen ich mich dabei gefühlt habe? Mir war schwindelig und oft speiübel, während ich auch noch von Hitzewellen wie in den Wechseljahren heimgesucht wurde. Ganz zu schweigen von den anschließenden Eingriffen (Laparoskopie und Embryotransfer). Aber das schlimmste waren der Streß und die psychischen Belastungen, denen Roger und ich ausgesetzt waren; immer wieder Hoffnung und immer wieder die Enttäuschung, wenn es wieder ein Fehlschlag war. Das kann einen ganz schön fertig machen. Abgesehen davon, daß uns diese Prozeduren eine Menge Geld gekostet haben, wurde uns verschwiegen, wie gering die Erfolgsaussichten sind.«

Die nochmalige Schilderung ihrer Leidensgeschichte quälte sie und mich gleichermaßen. Es herrschte eine Weile betretenes Schweigen, bevor sie erneut im Vertrag blätterte, bis sie das Gesuchte, einen Absatz, der die zukünftigen Eltern auf ihre Verpflichtungen der »Leihmutter« gegenüber hinwies, gefunden hatte.

»Nach Eintritt der Schwangerschaft müssen wir fünfzigtausend Francs, die für dich von CEFER veranschlagte Aufwandsentschädigung, auf einem Sperrkonto der Association deponieren. Selbstverständlich müssen wir für sämtliche Unkosten, wie Unterbringung, Verpflegung, ärztliche Untersuchungen, Versicherung . . .«

»Aber das haben wir doch schon besprochen«, unterbrach ich sie. »Außerdem haben wir eine Extraabmachung getroffen, von der Geller nichts wissen soll. Schließlich liegt in unserem Fall ja auch keine Anonymität vor. Welche Verpflichtungen geht Geller eigentlich euch gegenüber ein?«

»CEFER verbürgt sich für die sorgfältige Auswahl der ›Leihmutter‹, sowie für absolute Diskretion. Die für eine ›Leihmutterschaft‹ in Frage kommenden Frauen müssen zwischen einundzwanzig und fünfunddreißig Jahren sein, um das gesundheitliche Risiko so gering wie möglich zu halten. Sie sollten wenigstens ein gesundes Kind ohne nennenswerte Komplikationen während der Schwangerschaft und Geburt zur Welt gebracht haben . . .«

»Aber das ist doch selbstverständlich«, warf ich ein. »Außerdem glaube ich kaum, daß Frauen, für die es eine Qual ist, Kinder zu bekommen, sich als ›Leihmutter‹ bewerben würden — für alles Geld der Welt nicht. Wie groß die sogenannte

›Auswahl‹ ist, hast du ja selbst erfahren können.« Ich konnte mich der spöttischen Bemerkung nicht enthalten.
»Jedenfalls garantiert CEFER für eine gründliche Prüfung der Bewerberin«, fuhr Sarah unbeirrt fort. »Die ›Leihmutter‹ wird in genetischer, psychischer und körperlicher Hinsicht genauestens untersucht.«
»Genetisch?!« hakte ich nach. »Davon habe ich nichts bemerkt. Meinen die damit etwa den komischen Fragebogen, der nach meinem äußeren (phänotypischen!) Erscheinungsbild fragte? Das ist ja lächerlich.«
»Scheint so«, gab Sarah kleinlaut zu.
»Aber mal was anderes; wer bekommt das Kind, wenn euch etwas zustoßen sollte?« Ich hatte es satt, weiter dem Vertragsgeplänkel zuzuhören.
»Daran habe ich auch schon gedacht«, erwiderte sie, froh über die neue Gesprächswendung. »Ich habe meine Schwester — sie ist genauso alt wie du — in alles eingeweiht. Sie hat sich bereit erklärt, das Kind zu sich zu nehmen, falls uns etwas passiert. Sie sieht dir übrigens sehr ähnlich und ist auch ziemlich kurzsichtig.«
Ich vergaß zu fragen, was in diesem Fall aus unserer Extraabmachung würde.
»Es macht mir wirklich keinen Spaß, an die grausamen Eventualitäten denken zu müssen, aber wie ist Aglaya versorgt, wenn mir dabei etwas zustoßen sollte?« Ich dachte, sie müßte auch einen Abschnitt im Vertrag finden, der diesen Punkt regelte. Sie suchte vergeblich; außer der generellen Verpflichtung, die »Leihmutter« zu versichern, fand sich kein weiterer Hinweis.
»Jedenfalls ist diese Versicherung nicht billig. Ich denke, daß damit wohl sämtliche Risiken für dich abgedeckt werden«, erklärte sie ungehalten.
Mein Blick fiel auf eine Seite, auf der ich eine Reihe von Zahlen erkennen konnte. Doch bevor ich Einzelheiten sehen konnte, faltete Sarah das Papier wieder zusammen.

Ich hatte keine Lust mehr, die dicken Probleme zu wälzen und erzählte ihr von meiner Schwangerschaft mit Aglaya und die Gedanken, die ich mir damals über die Geburt gemacht hatte. Ich wollte eine sanfte Geburt nach Léboyer.

»Ich denke, das wird kein Problem sein; in der Nähe von Marseille gibt es eine kleine Klinik, in der auch die Feministinnen entbinden. Ich denke, sie wird deinen Ansprüchen gerecht werden.« Sie betonte das Wort »Feministinnen« so, als ob dies ein Gütesiegel sei. Immerhin bedeutet für mich »Feminismus« Selbstbestimmungsrecht der Frau; ich gab mich mit Sarahs Antwort zufrieden. Mir fiel ein, wie eng ich damals nach der Geburt mit Aglaya durch das Stillen verbunden gewesen war:

»Ich hab' eine Idee. Dr. Geller schimpft sich doch ›Hormonologe‹; es wäre doch geradezu ideal, wenn er es fertigbringen würde, daß du dein Kind stillen könntest, ich habe gehört, daß das bei Kühen auch so gemacht wird . . .«

Sarah sah mich ein wenig irritiert an.

»Pardon — das war aus biologischer Sicht. Du weißt, daß ich vorbelastet bin. Aber im Ernst . . .«

»Ach, ich weiß nicht«, wandte Sarah zaghaft ein. »Hier ist das mit dem Stillen nicht so ›in‹ wie in Deutschland. Die meisten Französinnen geben die Flasche, vielleicht haben sie Angst, einen Hängebusen zu bekommen. Außerdem enthält Muttermilch sehr hohe Schadstoffkonzentrationen, und die heutigen Muttermilchersatzprodukte enthalten alles, was das Kind braucht . . .«

»Bis auf ›Antikörper‹«, widersprach ich. »Das Immunsystem des Babys ist erst im Alter von acht Monaten vollständig ausgebildet. Muttermilch enthält sehr viele Abwehrstoffe und schützt somit auch vor Krankheiten.«

Ich konnte Sarahs Vorbehalte gegen Hormonbehandlungen verstehen; schließlich hatte sie schon schmerzhafte Erfahrungen damit gemacht.

»Trotzdem wäre es auch für dich wichtig. Wenn du schon die Schwangerschaft nicht körperlich erleben kannst, so könntest

du wenigstens nach der Geburt noch den innigsten Hautkontakt mit deinem Kind spüren.«
Sie versprach, Geller auf meinen Vorschlag hin anzusprechen. Wir diskutierten noch ein wenig über Kindererziehung, bevor wir zurück nach Marseille fuhren.
Dieser Nachmittag war das letzte Zusammensein mit Sarah, bevor sie mich zwei Tage später wieder zum Bahnhof brachte. Das »schriftliche Fixieren der gegenseitig geforderten Bedingungen«, wie sie in ihrem Brief angekündigt hatte, entfiel. Ihren Erkundigungen zufolge sei ein solcher Vertrag nicht viel wert, da er ohnehin kaum einklagbar wäre, wenn es zu Schwierigkeiten käme. Ich zweifelte nicht daran, daß sie zu ihrem Wort stehen würde. Ebenso konnte auch sie sicher sein, daß ich meinen Teil erfüllen würde.

Abends im Hotel ließ ich den Tag noch einmal Revue passieren. Ich hatte Sonne getankt, und mein ansonsten verfrorener Körper fühlte sich angenehm warm an. Im Zimmer war es heiß. Die Klimaanlage verursachte einen solchen Lärm, daß ich sie nach kurzem Probelauf sofort wieder abschaltete. Nackt auf dem großen Bett liegend, studierte ich in den gegenüberliegenden Spiegeltüren meinen Körper, der die Schwangerschaft spurlos überstanden hatte. Genüßlich an einer Zigarette ziehend, fragte ich mich, wie lange ich mir dieses Laster noch erlauben könnte. Sowohl die altmodische rektale Temperaturmessung als auch der Zykluscomputer zeigten den Eisprung an.
Das »Ereignis« vom Vormittag begann nun doch, seltsame Empfindungen in mir auszulösen; diese kleine, kaum eine Minute dauernde »Aktion« konnte so große Folgen haben; ein Kind entsteht so ohne jede Erotik. Während ich mit fast narzistischem Vergnügen meinen schlanken, sanft gebräunten Körper betrachtete, mußte ich unwillkürlich an Lutz denken. Die Sehnsucht, die ich schon beim Abschied in Berlin spürte, wurde fast greifbar. Wir würden übereinander »herfallen«, wenn er jetzt hereinkäme und mich so, mit lässig gespreizten Beinen

liegen sähe. Meine Hände glitten über meinen Körper, und ich begann, die am Vormittag versäumte Erotik nachzuholen. Sie will ein Kind von dir, tönte es in mir, als sich Sarah in meine erotischen Träume schlich. Unwillkürlich stellte ich mir vor, mit ihr zu schlafen. Ich hatte keine sexuellen Erfahrungen mit Frauen, aber der Gedanke reizte mich. Wenn ich Sarah leibhaftig begegnete, hatte ich jedoch kein Verlangen nach ihr. Phantasie ist konsequenzenlos; Gedanken sind frei! Um frei zu sein, bedarf es nur der Macht der Träume. In meiner Vorstellung wurde Sarah zur »Zeugerin« ihres Kindes, es würde durch ihren Wunsch entstehen.

Vielleicht hat es diesmal doch schon geklappt, dachte ich, die Zigarette »danach« rauchend.

»Onanie ist Liebe mit einem Menschen, den man wirklich liebt«, hat Woody Allen einmal gesagt. Ich mußte über mich selbst lachen. Plötzlich stieg mir von den Fingern, die Kippe haltend, ein fremder Geruch in die Nase. Das Sperma — durchfuhr es mich mit schnell aufsteigendem Ekelgefühl vor dem »Gewichse« eines unbekannten Mannes. Untersuchte Geller die Auftraggeberväter auf Geschlechtskrankheiten und AIDS? Das Gefühl, mich übergeben zu müssen, überwältigte mich. Aber mein Magen war glücklicherweise leer. Sei nicht so empfindlich! rief ich mich selbst zur Ordnung, es hat keinen Sinn, sich die unwahrscheinlichsten Horrorvisionen auszumalen, wenn ich doch keinen Einfluß habe.

Ich duschte heiß und kalt und macht mich auf, um die gähnende Magenleere mit einem guten Abendessen zu beseitigen. Sarah hatte mich großzügigerweise mit hundert Francs pro Tag ausgestattet.

Außer zwei weiteren Befruchtungsterminen hatte ich keine Verpflichtungen mehr. Ich vertrödelte meine Zeit mit Fernsehen, Lesen und Schreiben. Durch das Fernsehen konnte ich meine verblaßten Französischkenntnisse ganz gut auffrischen. Meine Ausflüge nach draußen beschränkten sich fast ausschließlich aufs Unvermeidliche und waren nur von kurzer

Dauer. Die penetrante Anmache der Marseiller Gockel ging mir auf die Nerven.
Sarah empfand die Stadt als genauso lästig wie ich; wir konnten uns beide nicht vorstellen, hier zu leben. Beim Abschied am Bahnhof umarmten wir uns lang und herzlich. Sehnsuchtsvolle Hoffnung stand in ihren Augen.
Die Zugfahrt erwies sich als die übliche Tortur. Lutz hatte mir einen wundervollen Empfang bereitet, das Zimmer war wieder umorganisiert, und ein paar hübsche Kleinigkeiten vom Flohmarkt waren dazugekommen.
Ein delikates Essen aus mehreren Gängen durfte auch nicht fehlen.
Liebe ist, sich gegenseitig Kraft zu geben! Ohne seine tatkräftige Liebe wäre es mir auch unmöglich gewesen, die Geschichte des »Wunschkindes« noch einmal zu erleben und dieses Buch zu schreiben.
Ich erstattete ihm detailgetreu Bericht über alles, was sich seit meiner Abreise aus Berlin vor fünf Tagen zugetragen hatte. Während er mir aufmerksam zuhörte, konnte er sich einiger kritischer Bemerkungen über Geller nicht enthalten und ärgerte sich, daß ich mich nicht konsequenter gegen die Behandlungsweise dieses »Scharlatans« gewehrt hatte. Aber er verstand, daß ich dadurch auch Sarah in Verlegenheit gebracht hätte. Beschwichtigend erklärte ich ihm, daß ich mit diesem unverschämten Gockel wahrscheinlich nicht mehr konfrontiert würde.
Damit war das Thema beendet.

Die zweite Reise nach Marseille

Sarah rief hin und wieder an und wollte wissen, ob ich mich nicht doch schon schwanger fühle — wenigstens ein ganz kleines bißchen —, obschon sie wissen mußte, daß der Zeitpunkt noch zu früh war, um irgendetwas dazu sagen zu können.

Trotzdem achtete ich in diesen Tagen mit erhöhter Aufmerksamkeit auf körperliche Veränderungen. Sarah hatte mich mit ihrer gespannten Erwartungshaltung zweifellos angesteckt.

Ihre Enttäuschung kroch fast spürbar durch die Telefonleitung, als sie erfahren mußte, daß ich meine Tage bekommen hatte. Obendrein schlug ich vor, den nächsten Termin ausfallen zu lassen, da ich genau um die Zeit des voraussichtlichen Eisprungs einen wichtigen unaufschiebbaren Termin in Frankfurt hatte.

Sarah reagierte fast panisch. Hatte sie Angst, daß ich es mir anders überlegt hätte? Auf ihre inständige Bitte hin versprach ich, einen Weg zu suchen, doch nach Marseille zu kommen. Mir fiel ein, daß es eine Direktflugverbindung zwischen Frankfurt und Marseille gibt. Sarah machte nicht den geringsten Einwand, als ich ihr den Preis von sechshundert Mark für ein einfaches »one way«-Ticket nannte.

So billig wie möglich erreichte ich per Mitfahrgelegenheit die Bankenmetropole Frankfurt. Bei lieben, langjährigen Freunden fand ich eine Übernachtungsmöglichkeit. Da wir uns lange nicht gesehen hatten, gab es viel zu erzählen. Nach dem Grund meiner Frankreichreise befragt, antwortete ich wahrheitsgemäß, daß ich beabsichtigte, »Leihmutter« zu werden. Ihre Reaktion auf mein Geständnis war zunächst sprachloses Staunen.

»Wie kommst denn ausgerechnet DU dazu?« Meine Freunde sind selbst »gewollt« kinderlos.

»Wir können es nicht verantworten, in diese Welt noch Kinder zu setzen«, war ihre feste Überzeugung, die ich nicht überzeugend widerlegen konnte. Ich hatte meinen Freunden erzählt, daß Aglaya im vergangenen Winter fast erstickt wäre. Sie sahen darin nur die Bestätigung ihres eigenen Standpunkts. Mit »Leihmutterschaft« und/oder den neuen Reproduktionstechnologien hatten sie sich bislang nicht auseinandergesetzt.
»Wenn diese Leute so scharf auf ein Kind sind, warum adoptieren sie dann keins?«
Ich erklärte, daß Babys »Mangelware« seien und ältere Heimkinder wegen angeblicher Milieuschädigungen meist nur zu Leuten gegeben würden, die bereits Erfahrung mit eigenen Kindern hätten. Die Arbeitsplatzerhaltung unserer Sozialpädagogen würde dabei wohl auch eine Rolle spielen, bemerkte mein Freund zynisch. Ich erzählte, was Sarah alles unternommen hatte, um ein Kind zu bekommen. Ich betonte ausdrücklich, daß ich mich erst dazu entschlossen hatte, nachdem ich Sarahs Lebens- und Leidensgeschichte ausführlich kennengelernt und obendrein erfahren hatte, daß ich die einzige Frau gewesen war, die ihren »Hilfeschrei« beantwortet hatte. Für mich und Sarah bedeute die übernommene Mutterschaft ein Akt der Solidarität zwischen Frauen.
Als ich meine Begegnung mit Dr. Geller zur Sprache brachte, fanden sie den Mangel an »Leihmüttern« nicht weiter erstaunlich.
»Was hast du eigentlich genau mit diesem merkwürdigen Arzt und dieser obskuren Organisation zu tun?« wollten sie wissen.
»Außer der künstlichen Besamung und einer Versicherung für Unvorhersehbares nichts weiter.«
Ich berichtete von der Extraabmachung, die zwischen mir und Sarah bestehe; der Rest sei reine Vertrauenssache.
»Klar, die Kohle ist ein wichtiger Aspekt«, gab ich zu. »Ich will ein Zuhause für Aglaya finden; in Berlin verrecken wir auf Raten. Ohne Basis, ohne einen Pfennig will ich mit dem Kind den Ausstieg aus dieser verblödeten Konsumgesellschaft

nicht wagen. Schließlich trage ich die Verantwortung für meine Tochter«, verteidigte ich mich.
»Scheißsachzwänge!«, knurrte der Freund.
Ich stellte noch einmal ausdrücklich klar, daß ich es nicht machen würde, wenn ich nicht absolut davon überzeugt wäre, daß Sarah eine gute und liebevolle Mutter abgäbe.
»Wo und wie willst du das Baby zur Welt bringen?«
»Ich werde sechs Wochen vor dem geplanten Geburtstermin zusammen mit Aglaya und Lutz nach Frankreich fahren und mich gemeinsam mit Sarah nach einer geeigneten Klinik umsehen, weil ich möchte, daß auch Sarahs ›Wunschkind‹ eine sanfte Geburt nach Léboyer erfährt. Dabei ist es auch wichtig, daß ich die Menschen, die bei der Geburt dabei sein werden, vorher kennenlerne und mich mit Sarah auf das ›freudige Ereignis‹ vorbereite.«
Meine Freunde hatten nun gegen mein Vorhaben keine Einwände mehr.
Sie bestärkten mich auch in dem Entschluß, meine »Leihmutterschaft« gegebenenfalls selbst zu dokumentieren, denn sie teilten auch meine Empörung über die sensationslüsternen Presseveröffentlichungen.
Nach einiger Weile fragte mich die Freundin noch, ob ich denn keine Angst vor einem seelischen Knacks hätte, wenn ich mich von Sarahs »Wunschkind« trennen müßte.
»Wieso? Dieses Kind entsteht einzig und allein durch ihren Wunsch. Außerdem wäre ein zweites Kind der absolute Horror für uns alle. Selbst wenn mein Unterbewußtsein mich austrickst; was habe ich für eine Wahl?«
Halb mitleidiges, ratloses Schulterzucken war die Reaktion der beiden auf meine Antwort.
»Wie steht dein Partner eigentlich dazu?« Diese Frage schien meinen Freund besonders zu interessieren, denn er konnte sich nicht vorstellen, mitansehen zu müssen, wie seine Lebensgefährtin das Kind eines anderen austrägt. Lutz kannte er nur vom Hörensagen.

»Lutz überläßt die Entscheidung mir. ›Du bist nicht mein Eigentum.‹ Das ist seine Einstellung dazu, die auf Gegenseitigkeit beruht. Ich weiß, daß er durch ›dick und dünn‹ zu mir hält.«

Ich wurde beim Gedanken an Lutz von einer schmerzhaften Sehnsuchtswelle überflutet und verfiel ins Schwärmen über meine wundervolle kleine Familie; obwohl erst ein paar Stunden vergangen waren, seit ich sie in Berlin zurücklassen mußte.

»Lutz ist der beste Beweis dafür, daß es nicht der biologischen Elternschaft bedarf, um ein Kind aufrichtig zu lieben«, bekräftigte ich meine Grundüberzeugung.

Am nächsten Morgen brachte ich meinen Termin hinter mich und verpaßte prompt meinen Flug, denn wir hatten nicht damit gerechnet, Umwege fahren zu müssen, da wegen der Beerdigung Günter Sarés Teile der Innenstadt Frankfurts gesperrt waren.

Bei der Umbuchung des Fluges für den darauffolgenden Vormittag gab es glücklicherweise keine Probleme, schließlich war ich im Besitz eines teuren »Lufthansalinienflugtickets«. Meine Freunde und ich hatten nicht genug Kleingeld bei uns, um Sarah über meine verschobene Ankunftszeit informieren zu können. Zu Hause bei meinen Gastgebern angelangt, wählte ich hastig Sarahs Nummer. Doch zu spät, am anderen Ende der Leitung hob niemand ab.

»Sicherlich ist sie schon auf dem Weg zum Flughafen; Marseille liegt eine ganze Ecke entfernt von ihrem Wohnort«, folgerte ich. Sicherheitshalber rief ich, wie beim letzten Mal, Lutz an. Die Ärmste, dachte ich bei der Vorstellung, wie sich Sarah nach dem letzten Fluggast enttäuscht und niedergeschlagen auf den Heimweg machte.

»Immer wieder Hoffnung, und dann die Enttäuschung . . .«, klangen ihre Worte in meinem Kopf. Womöglich dachte sie, ich hätte es mir doch noch anders überlegt. Als ich sie einige Stunden später telefonisch erreichte, wurden meine Vermu-

tungen bestätigt. Sie hatte nicht einmal den Mut gehabt, in Berlin nach meinem Verbleib zu fragen.
»Heute morgen zeigte die Temperaturmessung noch keinen Eisprung an; es wird schon noch klappen«, beruhigte ich sie.
Der nächste Morgen verhieß auch tatsächlich »Eisprungzeit«.
Ich bedankte mich bei meinen Freunden für ihre großzügige Gastfreundschaft. Sie waren die ersten, die ich außer Lutz und dem Frauenarzt in mein Vorhaben eingeweiht hatte. Die Diskussion mit ihnen als unbeteiligte Personen hatte mir wertvolle Anregungen gegeben. Wir wünschten uns gegenseitig von ganzem Herzen viel Glück und alles Gute. Ich wußte, daß sie über unser Gespräch absolutes Stillschweigen bewahren würden.
Ausgeruht, fröhlich und moralisch gestärkt konnte mich Sarah am Flughafen in ihre Arme nehmen. Wir mußten uns beeilen, denn bereits eine halbe Stunde später erwartete mich Madame Lemasson. Ungeduldig wartete Sarah auf mein Gepäck.
»Ich hätte dir sagen sollen, daß es besser ist, es mit ins Flugzeug zu nehmen. Manchmal dauert es ziemlich lange . . .«
Aber wir hatten Glück, meine Reisetasche erschien, und wir stürmten los. Die Mittagsglut hatte Sarahs Wagen in einen Backofen verwandelt. Ohne Fahrtunterbrechung ging es schnurstracks zur Rue Edmond Rostand.
Ein paar Meter vom Labor entfernt vor einem kleinen Restaurant ergatterten wir einen Parkplatz. Da die »Besamung« erfahrungsgemäß nicht lange dauern würde, gab ich meine Bestellung auf, bevor ich mich auf den Katzensprung zum Labor machte.
Doch diesmal ließ mich die »Babymacherin« warten. Ich wies sie höflich auf meinen knurrenden Magen und die bereits erfolgte Bestellung hin. Lachend gestattete sie mir, in einer Stunde wiederzukommen.
»Schon fertig?« Erstaunt blickte mich Sarah an.
»Nein, ich sollte noch warten. Anscheinend ist es doch nicht sooo eilig.«

Die Kellner ließen sich durch den Hochbetrieb nicht aus der Ruhe bringen. Ungeduldig wartend leerte ich einige Gläser Wein, während Sarah irgendetwas von Qualitätsbeeinträchtigung der Spermien durch das Gefrierverfahren erzählte. Diesmal würde es »frisches« Sperma sein. Die Vorstellung, daß jetzt irgendwo in der Nähe ein Mann war, der sich in der Absicht, Vater zu werden, »einen runterholte«, amüsierte mich. Ich fragte mich, ob CEFER eigens »Wichskabinen«, womöglich mit einschlägigen Anregungen ausgestattet, besitzt.
»Für Roger ist das inzwischen was ganz normales. Am Anfang ist er sich ein bißchen komisch dabei vorgekommen. Aber seit den ganzen ›in vitro-Geschichten‹ hat er sich daran gewöhnt«, bemerkte Sarah, als ob sie meine Gedanken hätte lesen können.
Vielleicht saß er jetzt unter den Gästen und begutachtete mich. Ich schaute mich um, konnte aber keinen »Verdächtigen« entdecken. Beiläufig erzählte ich Sarah von meinem Gespräch mit meinen Freunden. Sie wirkte ein wenig erschreckt.
»Keine Sorge, sie werden schweigen«, versicherte ich ihr, worauf sich ihre Miene wieder entspannte.
Ein wenig angeheitert machte ich mich nach dem Essen auf den Weg ins Labor. Der Wein minderte ein wenig die gewohnte »Weißkittelphobie«. Es war ein Sonn- oder Feiertag, und Madame Lemasson war allein; mit ihrem Tablett stand sie bereits in den Startlöchern. Mit Hinweis auf irgendwelche im Labor durchgeführten Bauarbeiten, bat sie mich, ihr in das Haus auf der gegenüberliegenden Straßenseite zu folgen. Unsere Schritte hallten durchs Treppenhaus. Die Räumlichkeiten im ersten Stock waren kahl und schmucklos; Karteikarten und Akten fehlten. Der Gynostuhl war mit Einwegpapier ausgestattet.
Madame Lemasson bestätigte meine Vermutung bezüglich des Eisprungs; als zusätzlichen Anhaltspunkt hatte sie eine leichte Öffnung des Muttermundes ertasten können. Anders als bei den ersten Versuchen durfte ich nicht sofort nach der Besa-

mung aufstehen, sondern mußte noch einige Minuten in »Begattungshaltung« verharren.
»Ich denke, diesmal stehen unsere Chancen besser«, sagte ich auf Sarahs fragenden Blick, weshalb es so lange gedauert habe. »Anscheinend glaubte die Lemasson selbst nicht an den Erfolg beim ersten Versuch, denn sonst hätte ich auch beim ersten Mal nach der Besamung warten müssen.«
Ich überlegte, daß das Ganze beim ersten Mal auch ein Bluff gewesen sein konnte, um mich noch einmal aus psychologischer Sicht abzuchecken, bevor es ernst wurde. Da zudem jeder Versuch eine Menge Geld kostet, konnte CEFER auf diese Weise auch einen lukrativen Vorteil daraus ziehen.
Wie aber ließen sich diese Thesen beweisen? Es gab keine Kontrollmöglichkeit rund um das Besamungsgeschehen. Ich habe ja noch nicht einmal genau sehen können, was die Laborchefin zwischen meinen Beinen trieb.
Sarah gegenüber sprach ich meine Gedanken nicht aus. In der Broschüre, dem blauen Hoffnungsträger für Kinderlose, habe ich einige Male das Wort »confiance« (»Vertrauen«) entdeckt. Ich wußte nicht so recht, ob ich diesen »Weißkitteln« trauen konnte. Ich verstehe unter Vertrauen ein Gefühl, das sich langsam aufbaut. Vielleicht ist die Vortäuschung einer »Besamung« tatsächlich Teil eines geheimen psychologischen Tests für Leihmutter und Wunscheltern. Darauf werde ich wohl nie eine Antwort erhalten.
»Zufällig habe ich eine andere ›Leihmutter‹ kennengelernt. Die arme Frau ist schon ganz genervt, weil sie vor kurzem zum dritten Mal von Straßburg nach Marseille fahren mußte«, erzählte Sarah unvermittelt.
»Ich hoffe doch sehr, daß es diesmal klappt; ich habe wirklich keine Lust auf den endlosen Transport in rollenden Müllcontainern; die Preise der Lufthansa sind was für Millionäre.«
Ein leicht gezwungenes Grinsen war Sarahs Antwort. Die Unterbringung — obwohl im selben Hotel wie beim letzten Mal — fiel diesmal bescheidener aus. Ein winziges Zimmer ohne

Klimaanlage und Fernseher, aber immerhin noch mit eigener Dusch- und Toilettenkabine, genügte meinen Ansprüchen vollkommen. Mein schlechtes Gewissen wegen der Unkosten hielt sich in Grenzen. Bis zu meiner Abreise sah ich Sarah nicht mehr.

Madame Lemasson stellte an den beiden folgenden Tagen ein allmähliches Schließen des Muttermundes fest; ein Zeichen dafür, daß der Eisprung bereits vorüber war. Diesmal wurden keine Urinproben verlangt, ebensowenig interessierten sie Gellers rosa Pappkärtchen, auf dem ich die täglich gemessene Rektaltemperatur hätte eintragen sollen. Madame Lemasson gab sich mit der Anzeige meines Zykluscomputers zufrieden. Ich unterrichtete Sarah von dem Verzicht auf Hormonanalysen, damit sie nicht ungerechtfertigt zur Kasse gebeten würde. Der eigentliche Zweck dieser Untersuchungen sollte mir erst zu einem späteren Zeitpunkt klarwerden.

Beim Abschied am Bahnhof fragte mich Sarah, ob ich das nächste Mal, falls es nicht geklappt hätte, nach München fahren könne, da sie auch dort einen Arzt kenne, der künstliche »Besamung« vornehme. Das Sperma könne gegebenenfalls als Eilsendung im Isolierpaket tiefgekühlt eingeflogen werden.

»Marseille ist mir lieber, wenigstens ist es hier warm«, entgegnete ich.

Zuletzt schenkte mir Sarah noch einen Hosenrock, der ihr zu eng geworden war:

»Du bist schlanker als ich.«

»Ja — noch«, gab ich grinsend zurück, worauf wir beide in schallendes Gelächter ausbrachen. Wir küßten und umarmten uns.

»Diesmal habe ich ein gutes Gefühl«, rief ich ihr vom Fenster des fahrenden Zuges aus zu.

Ich führte die allmorgendlichen Temperaturmessungen gewissenhaft weiter. In der Gebrauchsanweisung des Zykluscomputers fand sich auch eine genaue Erklärung des Menstruationszyklus. Am Tag des Eisprungs sinke die Temperatur um mehrere Zehntel Grade ab; in der Zeit danach steige sie wieder an, um bis zum Einsetzen der Menstruation auf erhöhtem Niveau zu bleiben. Falls eine Schwangerschaft eingetreten sei, blieben die Werte erhöht, wenn dies auch noch zehn Tage nach Ausbleiben der Regel so sei, könne mit neunzigprozentiger Wahrscheinlichkeit von einer Empfängnis ausgegangen werden.

Soziales Elend
oder
Der Zusammenbruch meines Kartenhauses

Während Sarah im Fieber der bangen Hoffnung lag, begann sich für mich das Damokles-Schwert bedrohlich zu senken. Die Benachrichtigung, daß ein Einschreiben für mich auf dem Postamt lag, konnte nichts Gutes bedeuten. Der verhängnisvolle Brief kam von meiner Hausverwaltung, der ich seit einem dreiviertel Jahr die Miete schuldig geblieben war. Im Frühjahr hatte meine Mutter zum letzten Mal tausend Mark zur Rückstandsbegleichung überwiesen, wobei ich ihr versprechen mußte, künftig selber für die Wohnung aufzukommen. Seit dem vergangenen Frühjahr erhielt ich nur noch zweihundertfünfzig Mark Bafög. Meine jüngste Schwester hatte ihre Lehre beendet. Knapp fünfhundert Mark monatlich sollten meine Eltern zur Finanzierung meines — ihrer Ansicht nach — sinnlosen Studiums beitragen.

Bei gelegentlichen Telefonaten mit meiner Mutter hatte ich meine Schwierigkeiten nicht eingestehen wollen, da ich mir nicht immer wieder meine verkrachte Existenz vorhalten lassen wollte. Ich lehnte es auch selbst ab, regelmäßig Unterhalt von zu Hause zu beziehen. Mutti hat sich ihren sehr bescheidenen Wohlstand redlich verdient.

Mit dem Schreiben der Hausverwaltung, das meinen Mietrückstand auf etwa viertausend Mark bezifferte und mit einer fristlosen Kündigung drohte, trat ich den Gang zur Familienfürsorge (FaFü) an. Nachdem Herr M., ein Sozialarbeiter der FaFü, der Schilderung meiner sozialen Misere gelauscht hatte, verstand er meine Skrupel gegenüber der Inanspruchnahme der elterlichen Unterhaltspflicht nur allzu gut.

»Wie's aussieht, bin ich durch das soziale Netz geplumpst«, schloß ich meine Darlegung.

»Die können mich mit meinem Kind doch nicht einfach auf die Straße setzen.«
»Es gibt Obdachlosenheime. Die Tatsache, daß Sie ein Kleinkind haben, schützt Sie nicht vor einer Zwangsräumung; das geht ›ruck-zuck‹.«
»Diese Gauner von der Hausverwaltung haben doch selbst reichlich Dreck am Stecken. In den knapp vier Jahren, die ich dort wohne, hat sich die Warmmiete um gut hundert Mark erhöht, und das Haus wurde in dieser Zeit viermal verkauft; davon zweimal wieder an ein und diesselbe Gesellschaft. Ich möchte gerne wissen, wieviel die dabei abgesahnt haben. Die verdienen nicht schlecht an der Altbausanierung. Auf dem Rücken der Steuerzahler, unter Ausbeutung ausschließlich sozialschwacher Mieter, werden unglaubliche Gewinne erzielt. So konnten die Geschäftsführer, denen das Haus zwischenzeitlich gehörte, gut 1,8 Millionen Mark Steuergelder hinterziehen; das hat ihnen ein paar Monate Knast eingebracht, stand im ›Süd-Ost Express‹ (Kreuzberger Stadtteilzeitung). Vielleicht war das der Grund, weshalb ich solange von Mahnungen verschont geblieben bin. Die hatten wohl andere Sorgen.« Trotzig und verbittert, machte ich mir mit der alten Kippe eine neue an.
»Aber das nützt Ihnen doch nichts; so kommen wir nicht weiter. Ich weiß selbst, daß viel Schieberei und undurchsichtige Geschäfte getrieben werden.« Die Resignation war Herrn M. deutlich anzusehen.
»Meine belegbaren Einkünfte belaufen sich auf fünfhundert Mark; zweihundertfünfzig Mark Bafög; zweihundert Mark Unterhalt für Aglaya von ihrem Zeuger, fünfzig Mark Kindergeld. Das ist alles. Wovon soll ich fast fünfhundert Mark für meine ›Sozialwohnung‹ zahlen? Außerdem sind da noch Strom- und Telefonrechnungen, Krankenkassen- und Kitabeiträge . . . ›Gleiche Chancen auf Bildung für Arme und Reiche‹ — auf diese Propaganda sozialer Politiker bin ich hereingefallen. Wenn ich nicht bereit bin, meine Eltern bis ans Existenz-

minimum auszupressen, habe ich ausgespielt«, folgerte ich mit tränenerstickter Stimme.
»Ich habe weder die Gesetze gemacht, noch diese Regierung gewählt«, verteidigte sich Herr M. und wollte wissen, wie ich überhaupt die ganze Zeit über hatte existieren können.
Ich erzählte ihm von meinen unregelmäßigen Nachtjobs als »Showgirl« in Diskotheken. Aber das war ein Nebenverdienst, den ich nie fest einkalkulieren konnte; manchmal hatte ich im Monat bis zu acht Auftritte, manchmal war wochenlang gar nichts. An die dummgeilen Gaffer in den Diskos hatte ich mich mit der Zeit gewöhnt; vor denen genierte ich mich ebensowenig, wie ich es vor einer Herde von Schafen getan hätte. Ich hatte mit den Gästen nur im Scheinwerferlicht der Tanzfläche zu tun und brauchte mir keine anzüglichen Betätschelungen gefallen zu lassen. Die gängigen Moralvorstellungen sind ein Luxus, den ich mir in meiner Situation nicht leisten konnte. Hin und wieder habe ich in den improvisierten Garderoben sogar Protokolle für die Uni geschrieben.
»Aber so kann es doch nicht weiter gehen! Sie können doch nicht gleichzeitig studieren, jobben und dabei auch noch ein Kind erziehen wollen!«
Das wußte ich selber. Ein dicker Kloß im Hals behinderte meine Antwort. Kettenrauchend versuchte ich mühsam, meine Tränen zu unterdrücken. Vor anderen Menschen weinen zu müssen, hatte ich schon immer als Demütigung empfunden.
»Wie stellen Sie sich eigentlich ihre Zukunft vor? Selbst wenn es eine Möglichkeit gäbe, was ich nicht mit Sicherheit versprechen kann, den Mietrückstand durch ein einmaliges Sozialdarlehen auszugleichen, so müßten Sie auf jeden Fall nachweisen, daß Sie künftig selbst in der Lage sind, Ihre Wohnung zu halten.«
»Wie soll ich das machen?« rief ich mit zitternder Stimme aus.
»Schreien Sie hier nicht so rum«, herrschte Herr M. mich an. »Reißen Sie sich zusammen! Wenn das Kind nicht wäre, würde ich keinen Finger für Sie krumm machen.«

»Machen *Sie* mir doch einen Vorschlag, wie es weitergehen soll!«
Herr M. wußte auch keinen Rat. Ich kann weder Schreibmaschine schreiben, noch bin ich mit sonstigen Büroarbeiten vertraut; auch einen Führerschein besitze ich nicht; meine Englisch- und Französischkenntnisse sind ausreichend genug, um mich gut verständlich zu machen, aber mit Profi-Übersetzungen kann ich nicht dienen. Auch körperliche Arbeiten, wie das unter Frauen weit verbreitete Putzen, kommen für mich wegen eines Wirbelsäulenschadens kaum in Frage.
Herr M. mußte zugeben, daß mit meinen damaligen Qualifikationen kein Staat zu machen war. Er war hocherfreut, als ich ihm erzählte, daß ich die Möglichkeit hätte, an einem Computerkurs teilzunehmen. Herr M. versprach, alles in seiner Macht stehende für uns zu tun, jedoch müsse das Sozialamt alle anderen Finanzierungsmöglichkeiten ausschließen können, daher sei es leider unumgänglich, daß ich ihm die Telefonnummer meiner Eltern geben würde. Sie würden wahrscheinlich sowieso nicht zur gesamten Mietrückstandsbegleichung herangezogen. Schweren Herzens tat ich ihm den Gefallen. Mein eheähnliches Verhältnis mit Lutz verschwieg ich; es hätte die Darlehensantragstellung nur unnötig kompliziert. Sein Einkommen ist sehr unregelmäßig und nicht belegbar; er ist »freischaffender Lebenskünstler«. Durch seine freie Zeiteinteilung gab es bei uns keine Rollenverteilung. Im Gegensatz zu seinen »Vorgängern« war er keine zusätzliche Belastung, sondern eine wirkliche Entlastung für mich. Selbstverständlich trug er mehr als nur seinen eigenen Anteil zu unserem Lebensunterhalt bei. Aber ich wollte auch dann nicht von einem anderen Menschen abhängig sein, wenn ich ihn noch so sehr liebte. Aber genausoviel wie Lutz' tatkräftige Hilfe wog seine Fähigkeit, mir immer wieder die Kraft zu geben, in der »Scheiße zu jubilieren«.
Am nächsten Tag ging ich zu Dorothea, meiner Hausärztin und »guten Fee«. Ein neuer Bafög-Antrag war fällig. Vorausset-

zung für die Weiterförderung war ein bestandenes Vordiplom, womit ich nicht dienen konnte. Dorothea sollte mir die Eiterabszesse im Rachenraum, die Auswirkungen des vergangenen Winters attestieren. Schon beim ersten morgendlichen Pinkeln hatte ich ein leichtes Ziehen in der Blase verspürt. Da ich schon einmal eine schmerzhafte Blasenentzündung hatte, ließ ich vorsichtshalber eine Urinprobe da. Anschließend ging ich noch beim Kinderarzt vorbei, der mir Aglayas Qualen schriftlich bestätigte. Kaum hatten die Bäume ihre Blätter abgeworfen, setzten bei ihr wie im vergangenen Jahr die Hustenanfälle wieder ein. Die allabendlichen heißen Kräuterbäder brachten nur vorübergehende Linderung. Der Umweltschäden behandelnde Arzt wußte auch keinen besseren Rat, als aus Berlin zu verschwinden. Lutz und ich hatten uns an die unterbrochene Nachtruhe längst gewöhnt.

Zerbissene Nagelhaut, weil die Fingernägel schon nichts mehr hergaben, und ein enormer Nikotinkonsum waren die Auswirkungen meiner Streßsituation. Obendrein lag mir die von Herrn M. verlangte schriftliche Schilderung meiner Misere schwer im Magen. Ich war Lutz dankbar, daß er mich trotz meiner dunklen Schatten um die Augen und der sich verschlimmernden Akne noch liebte.

Dorothea selbst war nicht da, als ich am Nachmittag desselben Tages mein Attest abholte. Jetzt brauchte ich in den nächsten Tagen nur noch zu dem für Leistungsnachweise zuständigen Uni-Professor, dann hatte ich alle Unterlagen für den Bafög-Antrag zusammen.

Ich wußte noch nicht, daß er aufgrund des zu hohen elterlichen Einkommens in vollem Umfang abgelehnt würde.

Am Wochenende hatte ich vorgehabt, meine »Elendsschilderung« fürs Sozialamt zu schreiben, aber ich konnte mich nicht dazu aufraffen.

Montagmorgens wurde ich gegen vier Uhr von Bauchkrämpfen und Rückenschmerzen geweckt. Die Schmerzen, den Eröffnungswehen bei der Geburt vergleichbar, wurden immer schlimmer. Ich hatte mir eine Gastritis in Verbindung mit einer Nieren- und Nierenbeckeninfektion eingefangen.

»Es hilft nichts, aber du wirst um die Einnahme von Antibiotika nicht herumkommen«, meinte Dorothea.

»Kann sein, daß ich schwanger bin.« Verwirrt sah sie mich an.

»Wenn es geklappt hat, werde ich ›Leihmutter‹. Vor zehn Tagen war der letzte Befruchtungsversuch.«

»Ist denn sowas nicht verboten?« entfuhr es ihr.

»Die Auftraggebereltern sind Franzosen, und in Frankreich liegen die Dinge wohl anders. Außerdem wurde nur eine künstliche Besamung mit dem Sperma des Ehemannes der unfruchtbaren Frau vorgenommen.«

»Es wäre also ›dein‹ Kind«, folgerte Dorothea. *Mein* Kind — eine innere Stimme schimpfte mich »Menschenhändlerin«. Du verkaufst *dein* Kind. Kurz erzählte ich Dorothea, wie Sarah und ich uns kennengelernt hatten. Für eine ausführliche Berichterstattung blieb wegen des vollen Wartezimmers keine Zeit. Auf die Nachfrage zum finanziellen Aspekt nannte ich der Ärztin die Summe, wobei mich die innere Stimme wieder »Menschenhändlerin« schalt. Ich spürte, daß Dorothea den Reproduktionstechnologien äußerst kritisch gegenüberstand. Dennoch konnte sie zumindest meine Motivation gut verstehen. Sie verordnete ein Penizillinpräparat, das eventuell vorhandenes Leben in keiner Weise schädigte.

In meiner naturwissenschaftlichen Enzyklopädie las ich, daß eine Nieren- und Nierenbeckeninfektion auch infolge der hormonellen Umstellung in der Frühschwangerschaft auftreten könne. Das fängt ja gut an, dachte ich. Die Schwangerschaft mit Aglaya war ohne nennenswerte Komplikationen verlaufen.

Nach Dorotheas Vermutung lag die Ursache meines desolaten Zustandes jedoch im Streß, dem ich in den vorangegangenen Tagen ausgesetzt gewesen war.

Sarah hielt den Kontakt zu mir telefonisch aufrecht. Daher war sie sowohl über meinen Gesundheitszustand als auch mei-

ne finanzielle Misere, den »Zusammenbruch meines Kartenhauses« informiert.
»Kann ich etwas für dich tun? Wenn ich dir irgendwie helfen kann, laß es mich wissen!«
Zehn Tage nach Ausbleiben der Blutung zeigte der Computer immer noch eine leicht erhöhte Temperatur an, was nach der Gebrauchsanweisung mit neunzigprozentiger Wahrscheinlichkeit auf eine Schwangerschaft schließen ließ. Sarah traute der »frohen Botschaft« noch nicht so recht. Sie sagte mir, daß Dr. Geller nun wieder Wert auf Urinproben lege und er mir dazu eigens einen Behälter zuschicken werde.
»Ein Urintest sagt im Augenblick auch nicht mehr aus als die Computerergebnisse; außer daß Geller dir diese Urinanalysen saftig in Rechnung stellen wird, wüßte ich nicht, wozu sie gut sein sollten.« Außerdem gäbe es noch weitere Anzeichen, wie morgendliches Erbrechen und anschwellende Brüste, die auf eine geglückte Empfängnis hindeuteten.
Mit diesen Auskünften mußte sich Sarah zunächst zufriedengeben.
Gesundheitlich halbwegs wieder hergestellt, schlich ich mit sämtlichen Unterlagen und meiner detailgetreuen »Elendsschilderung« wieder zur »FaFü«. Diesmal war Herr M. in Verstärkung einer Kollegin. Gemeinsam mit ihm hatte Frau H. sich durch das Dickicht der bundesdeutschen Sozialgesetzgebung gekämpft, wobei sie Wege entdeckt hatten, wie mir zu helfen sei. Der Anruf bei meiner Mutter hatte sich jedoch nicht umgehen lassen. Vor Schreck und Autoritätsangst hatte Mutti prompt zweitausend Mark direkt an die Hausverwaltung überwiesen, ohne mich vorher darüber zu informieren. Ich ärgerte mich maßlos, daß sie diesen Ausbeutern das Geld so bereitwillig in den Rachen geschmissen hatte. Aber das ist eben Mutti; sie hat sich immer allen und allem in »treuer Pflichterfüllung« gefügt. Immerhin sah die Hausverwaltung den Zahlungswillen, weshalb so schnell kein Räumungsverfahren eingeleitet würde.

Als Voraussetzung für die Bewilligung eines Sozialdarlehens mußte ich Wohngeld und Hilfe zum Lebensunterhalt für Aglaya beantragen. Das war nur lästiger Papierkram, denn die Sozialhilfe für meine Tochter würde knapp siebzig Mark betragen und das Wohngeld direkt an die Hausverwaltung überwiesen werden. Auch Frau H. stellte die unvermeidliche Frage nach meiner Zukunftsperspektive.
»Kann sein, daß ich schwanger bin«, platzte ich unumwunden heraus, wobei ich an die »Mutter-Kind-Stiftung« dachte, die doch gerade Frauen in einer ähnlichen Lebenssituation das Austragen eines Kindes schmackhaft machen sollte.
Sichtlich geschockt ließ sich Frau H. auf ihren Stuhl fallen. Auch Herr M. zeigte zunächst sprachlose Erschütterung. Fast konnte ich die Gedanken der beiden hören.
»Abtreibung ist Mord und kommt für mich nicht in Frage«, setzte ich trotzig hinzu.
»Wer ist denn der Vater des Kindes?« fragte Frau H., nachdem sie sich einigermaßen gefaßt hatte.
»Ein verheirateter Ausländer ohne Wohnsitz der Bundesrepublik. Das Baby ist sozusagen die Frucht einer Geschäftsreise«, erwiderte ich wahrheitsgemäß, wobei ich mich über meine eigene Formulierung der Tatsachen amüsierte.
»Ihre moralischen Bedenken in allen Ehren, aber seien Sie doch vernünftig! In ihrer Situation können Sie sich doch kein zweites Kind erlauben . . .«, versuchte mich Frau H. zu überzeugen.
»Es ist ja noch nicht hundertprozentig sicher«, beschwichtigte ich, »und außerdem gibt es doch die ›Mutter-Kind-Stiftung‹.«
Herr M. winkte ab, die Bearbeitung der Anträge sei sehr schleppend und erfahrungsgemäß käme dabei auch nicht allzuviel heraus; zudem gäbe es keinen einklagbaren Rechtsanspruch auf die Stiftungsgelder. Frau H. warnte mich ebenfalls davor, mich auf Heiner Geißlers Schöpfung zu verlassen. Diese Auskünfte genügten mir erstmal; ich hatte die Almosenbettelei auf den Ämtern satt; wie eine Ertrinkende klammerte

ich mich an das »kleine Geheimnis«, das ich in mir trug. Es sollte mir die Kraft geben, diesen letzten scheußlichen Winter zu überstehen.
Der Gestank von Industrie- und Autoabgasen hatte, kaum daß das Laub zu fallen begonnen hatte, die Grenze des Erträglichen erreicht; Aglayas Erstickungsanfälle raubten ihr die kindliche Unbeschwertheit, und ihr Lachen wurde immer seltener. Lutz und ich litten mit ihr.

Ergebnis »positiv«

Ich bekam den Platz für den Computerlehrgang; eine der Teilnehmerinnen hatte einen ebenso chaotischen Lebenswandel hinter sich wie ich. Von Anfang an fühlten wir uns verbunden. Lena wurde zu meiner engsten Vertrauten. Ich ahnte zum Zeitpunkt unseres Kennenlernens noch nicht, wie sehr ich ihre Hilfe brauchen würde.

Ein dicker scharlachroter Strauß Rosen, durch einen Boten überbracht, riß mich aus meiner Alltagstristesse. »Herzlichen Glückwunsch von Mme. und M. Duval«, stand auf der beigefügten Karte. Zuerst war mir nicht ganz klar, auf was sich die Glückwünsche bezogen. Hatte ich Sarah etwa überzeugt? Waren die Blumen als Schwangerschaftsgratulation gedacht?

Lutz erinnerte mich daran, daß ich Geburtstag hatte, was ich, streßbedingt, fast vergessen hatte. Sarah kannte mein Geburtsdatum aus den Fragebögen, die sie an Geller weitergeleitet hatte.

Die Rosen wurden für mich zum Symbol der engen Verbundenheit zwischen Sarah und mir. Ein köstlicher Duft, der über zwei Wochen meine bescheidene Wohnung erfüllte, gab mir das Gefühl, daß Sarah in dieser schweren Zeit an mich dachte. Dadurch konnte ich auch das allmorgendliche Kotzen leichter ertragen.

Der Besuch beim Frauenarzt brachte kurz darauf die endgültige schriftliche Bestätigung, daß ich nunmehr in der sechsten Woche schwanger war. Umgehend schickte ich eine Kopie der Arztbescheinigung nach Frankreich, wobei ich Sarah auch den Namen des Penizillinpräparats nannte.

Die Antragstellung für die Mutter-Kind-Stiftungsgelder erwies sich anfänglich als ziemlich schwierig; anscheinend war niemand dafür zuständig. Nachdem ich bei Pro-Familia und Caritas vergeblich vorgesprochen hatte, erklärte sich zu guter

Letzt die Säuglingsfürsorge bereit, mir zu helfen. Frau P., die dortige Sozialarbeiterin, war voll mitleidigen Verständnisses für meine Situation und versprach, das Beste für mich herauszuholen. Sie beantragte neben Umstandskleidung und Babyerstausstattung sogar eine Waschmaschine, sowie monatliche Unterstützung für die gesamte Dauer der Schwangerschaft. Frau P. war aber auch der Meinung, daß sich kaum eine in echter sozialer Not befindliche Frau durch die Stiftungsgelder von einer Abtreibung abbringen lasse.

Einige Tage danach erreichte mich Sarahs Antwort:

Liebe Felicitas,

ich habe heute Deinen Brief und die Bestätigung erhalten und mich wahnsinnig gefreut. Jetzt müssen wir uns die weiteren Schritte überlegen.

Da Du Deutsche bist, können wir die Versicherung für Dich nicht hier abschließen.

Kannst Du Dich in Berlin um eine Lebensversicherung bemühen und diese für ein Jahr abschließen? Auf Deinen Namen; Unfall Krankheit usw.

Teile mir Deine Konto-Nr. und den Betrag mit; ich überweise ihn dann.

Am (Datum) habe ich bei Dr. Geller einen Termin, um die weiteren Einzelheiten zu besprechen.

Mme. Lemasson hat den Urinbehälter doch nicht abgeschickt, und die deutsche Arztbestätigung reicht aus.

Allerdings sollst Du regelmäßig »Hormonanalysen« vornehmen lassen, um zu sehen, ob alles normal verläuft.

Also ganz übervorsichtig!!!

Danke für den Namen des Medikaments, das Du eingenommen hast. Ich werde es Dr. Geller vorlegen.

Ansonsten scheint es mir noch so lange bis (Entbindungsmonat), den ganzen Winter und das Frühjahr, uff . . .

Hier ist die Regenzeit ein/ausgebrochen und alle sind mieser Stimmung.

Ich werde mir die Zeit mit Arbeiten vertreiben und Geld anschaffen. Das ist das einzige, was ich für Dich/uns tun kann. Anders kann ich Dich nicht unterstützen.

Alles Liebe

Sarah

Sarahs Brief war, gelinde ausgedrückt, eine herbe Enttäuschung. Hätte sie denn nicht vorher wissen können, daß ich als Ausländerin in Frankreich nicht versichert werden kann? Oder hatte sie mir diesen Umstand bewußt verschwiegen, da sie ahnte, daß ich mich dann auf die ganze Sache erst gar nicht eingelassen hätte? Oder war es Gellers Schuld? Hatte er sie aus kalter Berechnung erst so spät darüber informiert? Und was sollte der Quatsch mit den Hormonanalysen? Vom medizinischen Standpunkt aus gesehen, gab es keinen Unterschied zu einem »normal« gezeugten Kind. Die Befruchtung war eine »natürliche« — sogar der Samen war beim zweiten Versuch »frisch« gewesen. Nur bei einer »in vitro Fertilisation« hätte das anders ausgesehen.

Ich entschloß mich, Geller zum Bösewicht zu erklären, der aus kommerziellen Erwägungen bewußt Sarahs Unerfahrenheit in Sachen Schwangerschaft ausnutzte. Noch hatte ich die Möglichkeit eines Schwangerschaftsabbruchs. Aber konnte ich das Sarah nach allem antun? Und was würde dann aus meiner kleinen Familie und mir? Der endgültige Abstieg ins soziale Elend war bereits deutlich vorgezeichnet.

Sarahs »Wunschkind« war — als einziger Ausweg aus der Misere — zu meinem »Schatzkind« geworden.

Lutz meinte wohl, es gäbe noch andere Wege. Er spielte mit dem Gedanken, ein richtig großes Ding zu drehen, um so genügend Kohle für unseren Ausstieg aus der Konsumgesellschaft zu beschaffen.

Ich befürchtete, daß er bei einer derartigen Unternehmung unfreiwillig in »Staatspension« geraten könnte. Es gibt genug verzweifelte Familienväter, denen es so ergangen ist.

Ich beschloß, das Beste aus der Situation zu machen und mich selbst um eine Versicherung zu bemühen, die sämtliche Risiken der »Leihmutterschaft« abdeckte. In einem alternativen Stadtmagazin suchte ich mir die Nummer einer freien Versicherungsvertreterin heraus und vereinbarte mit ihr einen Hausbesuch.

Bevor ich der Versicherungsfrau meinen speziellen Fall auseinandersetzte, nahm ich ihr das Versprechen absoluter Diskretion ab. Monika, so hieß die sympathische junge Frau, zeigte auch reges Interesse an der menschlichen Seite meiner Geschichte. Ich erklärte ihr, auf welche besonderen Punkte es mir bei der Versicherung ankäme.

»In erster Linie soll meine Tochter versorgt sein, falls mir etwas zustoßen sollte; zweitens möchte ich, daß die zwischen mir und der Auftraggebermutter vereinbarte Summe auch dann ausgezahlt wird, wenn das Kind ohne mein Verschulden tot oder krank zur Welt kommt. Auch für den Fall einer Fehlgeburt müßte vorgesorgt werden.«

Monika schlug eine Art Lebensversicherung vor, bei der Aglaya die Nutznießerin und Lutz der Verwalter des Geldes bis zu ihrem achtzehnten Lebensjahr sein sollte.

Beim Ausfüllen des Antrages ergaben sich die ersten Schwierigkeiten. Nach dem gesundheitlichen Zustand von Herz und Kreislauf befragt, räumte ich ein, daß ich an gelegentlichen Herzrhythmusstörungen litt, was aber wohl nervlich bedingt sei. Monika stockte. Ein Herzfehler würde eine Lebensversicherung in der Regel ausschließen, zumindest aber enorm verteuern. Meine Erklärung, daß bis heute kein organischer Schaden festgestellt worden sei, half nichts.

»Können wir das der Versicherung nicht einfach verschweigen?« fragte ich nach.

»Leider nein; wenn dir etwas zustößt, wird deine Krankenkasse automatisch von der Schweigepflicht entbunden; die Versicherung braucht nicht zu zahlen, wenn sie nicht in vollem Umfang über den wahren Gesundheitszustand ihres Versiche-

rungsnehmers aufgeklärt wurde«, zerstörte Monika meine Hoffnung. Trotzdem versprach sie, eine »Maßanpassung«, die die Risiken der »Leihmutterschaft« abdeckte, für mich auszutüfteln. Gegebenenfalls würde sie ihren Vater, den Inhaber eines kleinen Versicherungsunternehmens, zu Rate ziehen.
»Dafür wäre es allerdings hilfreich, wenn ich in Erfahrung bringen könnte, wie die französischen Kollegen das handhaben«, meinte sie.
Nachdem wir den geschäftsmäßigen Aspekt soweit besprochen hatten, plauderten wir noch über das Menschliche.
»Es wäre schön, wenn du mit dieser Frau auch nach der Geburt noch einige Zeit zusammen bleiben würdest und ihr euch alle beide an dem Kind freuen könntet«, schwärmte sie.
»Ich glaube nicht, daß das gut wäre; zum einen würde es für mich dadurch wahrscheinlich schmerzhafter, mich von dem Kind zu trennen; zum anderen könnten bei der Mutter Eifersuchtsgefühle auftreten. Ich glaube, es ist besser, wenn sie sich zusammen mit ihrem Mann auf die neue Situation einstellt und vielleicht sogar verdrängen kann, daß ich dieses Kind zur Welt gebracht habe.«
Unter diesem Aspekt betrachtet, gab mir Monika recht. Zum Abschied wünschte sie mir und dem werdenden Leben alles Gute. Kurz nachdem sie gegangen war, rief ich Sarah an und berichtete ihr, was ich in Erfahrung gebracht hatte.
»Aber du darfst doch nicht sagen, daß du ›Leihmutter‹ bist!« rief sie entsetzt.
»Wieso nicht? Du hast doch selbst ausdrücklich betont, daß das ganze ›legal‹ sei.« Außerdem sei die Versicherungsvertreterin an ihre Schweigepflicht gebunden. Ich konnte beim besten Willen nicht einsehen, wieso sie sich so aufregte.
»Bitte erkundige dich bei Geller, wie er das mit den Versicherungen regelt und sag mir dann Bescheid, damit ich hier mit Monika eine Maßanpassung ausarbeiten kann!« Meine Herzrhythmusstörungen verschwieg ich ihr, um sie nicht noch zusätzlich zu beunruhigen.

Etwa zehn Tage nach diesem Telefonat erreichte mich Sarahs schriftliche Antwort; diesmal mit der Maschine getippt.

Liebe Felicitas,

heute ganz förmlich, denn ich bin im Büro.

Ich war endlich bei Monieur Geller, und er war ganz böse, weil er noch keine Hormonanalysen von Dir hat.

Wir sind jetzt so verblieben, daß Dir das Labor einen Urinbehälter schickt, den Du, genau nach Anweisung, gefüllt wieder zurückschicken sollst, und dies alle zwei Monate, sowie eine Echographie (Ultraschall).

Daran sieht Dr. Geller, ob die Schwangerschaft normal verläuft, und er braucht Dich persönlich nicht zu sehen.

Was die Lebensversicherung anbetrifft, so sollst Du eine ganz normale Lebensversicherung (Unfall, Invalidität, Todesfall) fürs *Leben* abschließen und dies, ohne Deinen Zustand zu erwähnen.

Du bezahlst die Gebühr für ein Jahr und brichst den Vertrag nach einem Jahr ab und bezahlst die Gebühr nicht weiter.

Leider kann ich Dich hier in Frankreich nicht als Ausländerin ohne festen Wohnsitz versichern, das wird von den französischen Versicherungen nicht akzeptiert, so gerne ich es für Dich gemacht hätte.

Am besten Du nimmst eine x-normale Versicherungsgesellschaft und machst das so schnell wie möglich; ich überweise Dir umgehend den Betrag.

Ansonsten möchte Dr. Geller, daß Du drei Wochen vor der Entbindung nach Frankreich kommst, dann lernst Du auch vorher die Hebamme kennen und das Krankenhaus, in dem Du unter dem Namen X (also keinem) entbindest.

So sieht der Stand im Moment aus; dann bekommt das Kind sofort den Namen des Vater, und die Adoption dauert nur drei Monate für die »Mutter«.

Ich werde nächstens mit dem Rechtsanwalt sprechen, denn wenn wir das so machen, ist das für die Adoption sehr leicht

bzw. am unkompliziertesten. Aber die ganze Entbindung wird nicht von der/Deiner Krankenkasse übernommen.
Wie sieht das auf Deiner Seite aus?
Wenn Du durch die ganze Schwangerschaftsmaschinerie gehst, und dann plötzlich keine Spuren mehr da sind . . .
Wir haben noch Zeit, um uns das zu überlegen.
Ich hoffe, Dir geht es immer noch so gut wie bei unserem letzten Telefongespräch.
Der (Monat) ist der dritte Schwangerschaftsmonat und ein sehr wichtiger . . .
Also heg und pfleg Dich/uns auch trotz der Kälte.
Bis jetzt sind fast nur Mädchen geboren, ein einziger Junge.
Ich stecke hier im vollen Winterstreß und versuche, im Sommer dafür umso mehr Zeit zu haben.
Zum Jäckchen-Stricken habe ich es noch nicht gebracht. Ich werde Dir nächstens die Fotos der »Ferme« (Landhaus) schicken, in der Ihr im Sommer wohnen könnt. Dann kannst Du Dich schon darauf einstellen. Also, dann paßt gut auf Euch auf.

Tausend »bises«
Sarah

Madame X!?

Was sollte das nun schon wieder? Was bedeutete eine Entbindung unter dem Namen »X«?
Ich war völlig verunsichert; mein Körper reagierte wie gehabt: mir lief wortwörtlich die Galle über, was Dorothea mir bestätigte. Diesmal versuchten wir, ohne die Hilfe von Penizillin auszukommen, um eine Wiederholung der allergischen Darmreaktion zu vermeiden. Wieder waren Reisdiät, Schonung, reichliche Flüssigkeitszufuhr und viel Wärme angesagt. Dorothea nahm mich in die Arme. Es tat gut, ihr Mitleid zu spüren. Vom elften Stock ihrer Praxis aus hatte ich eine gute Übersicht über Berlin. An diesem Tag lag alles unter einer dichten Smog-Dunstglocke, was meine Laune nicht gerade hob.
Beim Hinausgehen fiel mein Blick zufällig auf meine Karteikarte: »Leihmutter 30 000,– DM« hatte Dorothea darauf vermerkt. Ich war verdutzt und begriff nicht ganz, warum sie das getan hatte; ich vergaß es aber bald wieder.
Nun nahm ich mir den »Hoffnungsträger für Paare ohne Kinder« gründlich vor. Mit Hilfe eines Wörterbuches kam ich ganz gut klar. Interessierte LeserInnen können dieses Machwerk bei CEFER; 21, Rue Edmond Rostand; 13006 Marseille, anfordern.
So sehr ich mich auch bemühte, ich fand in dem neunseitigen Heft weder einen Hinweis auf die Rechte der »Leihmutter«, noch wurden ihre Risiken erwähnt, ebensowenig deren etwaige Absicherung. Ich erfuhr, daß die 50 000,– Francs, welche die »Leihmutter« erhalten sollte, sich nach einem angenommenen durchschnittlichen Monatsgehalt von 5000,– Francs pro Monat errechneten (neun Monate Schwangerschaft plus ein Monat »post partum«). Damit sollte nach Ansicht von CEFER übertriebenen Forderungen der »Leihmütter«, in diesem Zusammenhang geringschätzig »porteuse« (Austrägerin) ge-

nannt, entgegengewirkt werden. Warum wird nicht etwa das monatliche Einkommen eines Dr. Geller zugrunde gelegt? fragte ich mich wütend. Sarah hatte mir erklärt, daß CEFER für seine Leistungen (welche?) ebenfalls 50 000,– Francs fordern würde. In der Broschüre wurden dazu als Rechtfertigung die Schwangerschaftsüberwachung sowie administrative Leistungen erwähnt.

Auf Seite fünf fand sich ein fettgedruckter Hinweis auf die »hormonelle Schwangerschaftsüberwachung« (la surveillance hormonale de la grossesse).

Weiter hieß es in dem Prospekt, daß die Aufwandsentschädigung, auf einem Sperrkonto hinterlegt, erst nach geglücktem »Babytransfer« von einem CEFER-Mitglied in Gegenwart eines Notars an die »Leihmutter« ausgezahlt werde (Seite 8).

Was ist, so fragte ich mich, wenn der »Transfer« nicht stattfinden kann, weil das Kind tot- oder fehlgeboren wurde?

Auf Seite 9, Punkt 5 wurde auf die juristische Vorgehensweise eingegangen. Solange es noch keine gesetzliche Regelung gebe, könne man sich folgender Möglichkeiten bedienen:

»Die Leihmutter entbindet unter dem Namen X, der biologische Vater erkennt die Vaterschaft an; seine Ehefrau (oder Partnerin) adoptiert es dann.«

Mit keinem Wort wurde erwähnt, auf welcher rechtlichen Grundlage die »existierenden Möglichkeiten« basieren. Ich brauchte einige Tage, bis ich meine Gedanken zu einer Antwort an Sarah geordnet hatte.

Liebe Sarah!

Nach längerem Studium der Broschüre von CEFER ist mir aufgefallen, daß die rechtliche Situation in Frankreich keineswegs anders ist als in der Bundesrepublik.

Es ist weder verboten, noch erlaubt.

Der Sache der Legalisierung ist keineswegs damit gedient, wenn die »Leihmutter« gezwungen wird, ihren Zustand zu verschweigen und ihre rechtliche Situation nicht klar ist.

»Madame X« hat kein Recht auf Entschädigung, falls Kunstfehler unterlaufen (nur zum Beispiel).
Die Leistung, die ich hauptsächlich von CEFER erwartet habe, nämlich meine Absicherung, wird nicht erbracht.
Ich verweigere daher jede weitere Zusammenarbeit mit CEFER, da ich für uns keinen Nutzen darin sehe.
Die Abmachungen, die wir unter uns getroffen haben, bleiben davon selbstverständlich unberührt.
Als Versicherung bleibt, wenn überhaupt, nur die Möglichkeit einer »Maßanpassung«.
Nach deutschen Versicherungsgesetzen ist es nicht möglich, den Gesundheitszustand zu verschweigen, da die Krankenkasse im Schadensfall von der Schweigepflicht entbunden wird.
Ich muß die Sache gegebenenfalls mit der Versicherung verhandeln. Für den Verlauf der Schwangerschaft trage ich allein die Verantwortung, genau wie damals mit Aglaya.
Die ärztlichen Untersuchungen finden im Abstand von vier Wochen statt; in den letzten beiden Monaten alle vierzehn Tage. Sie umfassen bei jeder Untersuchung Gewichtskontrolle, Urinanalyse (im normalen Rahmen), Blutuntersuchung, Blutdruckmessung, Kontrolle des Gebärmutterzustandes und der kindlichen Herztöne sowie die Feststellung der Lage des Kindes.
Außerdem enthält das Untersuchungsprogramm zwei Ultraschalluntersuchungen (Echographie) und zwar möglichst zwischen der 16. bis 20. und der 32. bis 36. Schwangerschaftswoche. (Rötelnimmunitätstest und Blutgruppenfeststellung erfolgten bereits beim ersten Kind.)
Du siehst von der medizinischen Seite sind *wir* hier bestens versorgt.
Abgesehen davon spielt es für die Gesundheit des Kindes keine Rolle und stellt auch kein erhöhtes Risiko dar, auf welchem Weg die Zeugung stattfand.
Dr. Geller dürfte es hauptsächlich darum gehen, Ergebnisse für seine hormonologische Forschung zu gewinnen. Für uns

sind diese Untersuchungen überflüssig. Die Finanzierung seiner Studien ist seine Sache.
Für uns ist in erster Linie wichtig, daß die Schwangerschaft »harmonisch« verläuft; bislang ist alles stinknormal.
Unkosten für Dich und Deinen Mann entstehen während der Schwangerschaft nicht mehr; die Krankenkasse zahlt die gesamten Vorsorgeuntersuchungen. Ich bin selbst versichert, daher spielt die Identität des Zeugers keine Rolle. Umstandskleidung, Mehraufwand und Lebensunterhalt werden von der »Mutter-Kind-Stiftung« übernommen. Ein im Ausland lebender Zeuger kann nicht zur Unkostenerstattung herangezogen werden.
Die Entbindung wird im europäischen Ausland von den Krankenkassen übernommen. Es ist allerdings möglich, daß in Frankreich eine Eigenkostenbeteiligung verlangt wird; eine genaue Auskunft darüber konnte mir hier nicht erteilt werden. Du kannst Dich im Auftrag einer deutschen Freundin nach den Konditionen erkundigen. Den biologischen Vater werde ich nach der Entbindung den deutschen Behörden bekannt geben (Datenschutz!).
Nach Erfüllung der zwischen uns verabredeten Vereinbarungen werde ich das Sorgerecht an den leiblichen Vater abtreten und mich mit einer Adoption einverstanden erklären.
Wie das Kind zustande gekommen ist, geht niemanden außer den Betroffenen etwas an. Ich werde unter meinem richtigen Namen in einer Klinik unserer/meiner Wahl entbinden, ohne Überwachung und Kontrolle von CEFER. Die notwendige Anonymität wird ohnehin durch die ärztliche Schweigepflicht gewährleistet.
Wenn Du etwas für »uns« tun möchtest, kannst Du Dich »im Auftrag einer deutschen Freundin« nach einer passablen Klinik und den Anmeldefristen erkundigen, die bei guten Kliniken sehr lang sein können.
Die Kriterien für eine annehmbare Klinik sind u. a. folgende:
1. Persönliches Kennenlernen der Hebamme und des Arztes.

2. Kein Schichtwechsel der Hebamme, d. h. die Entbindung wird von Anfang bis Ende von *einer* Frau durchgeführt.
3. Ich möchte mit Dir allein und ungestört im Einzelzimmer die Wehenphase erleben.
4. Die Entbindung sollte im abgedunkelten Kreissaal nur in Deinem Beisein und mit dem Beistand einer Hebamme stattfinden (Arzt oder Ärztin nur bei Komplikationen, jedoch jederzeit erreichbar). Ich möchte nicht, daß sonst noch irgendjemand anwesend ist.
5. Ich möchte im Interesse des Kindes keine Schmerzmittel oder sonstige Medikamente (Sanfte bzw. natürliche Geburt nach Léboyer).
6. Die Nabelschnur sollte erst nach Einstellung ihrer Funktion durchtrennt werden, um einen Stoffwechselschock zu vermeiden.

Aglayas erste Reaktion war ein einziger kleiner Schrei bei ihrem ersten Atemzug; anschließend hat sie die Augen geöffnet und gelächelt. Mit dem total verknautschten kleinen Gesicht hat das unglaublich komisch ausgesehen; der Charme von E. T. Im Laufe des Tages hat sich ihr Gesicht allmählich entknittert; der Kopf näherte sich der Normalform, und die Nase rückte an die richtige Stelle. Bis zum heutigen Tag wird Aglaya täglich hübscher.

Ich möchte *Deinem* Kind einen ebenso glücklichen Start ins Leben ermöglichen; der Rest ist Deine Sache. Selber werde ich den gesamten physiologischen Vorgang durch gemäßigtes Konditionstraining und Atemtherapie unterstützen. Ich denke, das ist im Interesse aller Beteiligten das Beste. CEFER ist bei alledem vollkommen überflüssig und verursacht nur unnötige Kosten.

Ich möchte mich nicht als »Reklame-Leihmutter« hergeben. Ich habe Vertrauen zu Dir und hoffe, daß Du es erwiderst. Du brauchst Dir keinerlei Sorgen darüber zu machen, daß Du Dein Kind bekommst. Selbst wenn ich unter der Trennung leiden sollte, ist es für mich aus Existenzgründen unmöglich, das

Kind zu behalten. Auch im Falle einer Annahmeverweigerung durch Euch müßte ich es weggeben.
Ich hoffe, daß Du Verständnis für meine Entscheidungen hast und durch meinen Eigensinn nicht allzuviele Probleme bekommst. Ich sehe die Verbindung zwischen uns auf der Basis der gegenseitigen Erfüllung von Wünschen, die sonst nicht realisierbar wären.
Wir bringen beide sehr große Opfer dafür. Ich bin eine Frau mit Gefühlen und lasse mich nicht als »Gebärmaschine« ausbeuten.
Ein Kind ist auch für mich kein kommerzielles Handelsobjekt, sondern ein Mensch, den ich nur Dir anvertraue, weil ich spüre, daß Du eine gute Mutter sein wirst. Seine Geburt ermöglicht es mir, mit meiner Tochter ein menschenwürdiges Leben zu führen, was sonst nicht mehr möglich wäre; ich müßte sogar Aglaya zu Pflegeeltern geben, da ich nicht mehr in der Lage wäre, ihre Existenz zu sichern — traurig, aber wahr. Für Aglayas Wohl und Glück ist mir kein Opfer zu groß. Ich denke, Du verstehst meine Motivation.
Schreibe mir, wie Du darüber denkst!

In »guter Hoffnung« und Vertrauen
Felicitas

Ich dachte, daß ich meinen Standpunkt klar genug ausgedrückt hätte, und erwartete gespannt Sarahs Reaktion.
Mein Brief würde wenigstens eine Woche unterwegs sein. Mit einer Antwort rechnete ich nicht vor Ablauf von zwei Wochen. Aber schon wenige Tage später traf überraschend ein Päckchen aus Frankreich ein, das folgende Notiz enthielt:

Liebe Felicitas,

anbei ein Pullover für den Winter, der diesmal auch »weit« gedacht ist.
Ich hoffe, daß Du mit den Kräutern was anfangen kannst. Salbei, wilde Minze und Rosmarin frisch gepflückt. Als Tee ge-

mischt, nennt man das Gemix hier »aphrodisiaque« ... Ein heißer Tropfen für den Winter.

Alles Liebe
Sarah

»Aphrodisiaque« — ein erotisierender Liebestrank. Auf die Situation von mir und Lutz bezogen, war das der blanke Hohn. Unsere erotische Beziehung war auf dem Nullpunkt angelangt, obwohl mein Körper dem äußeren Erscheinungsbild nach noch keine Anzeichen der Schwangerschaft aufwies, von den straffer gewordenen Brüsten einmal abgesehen. Aber auch Lutz litt unter regelrechten Schwangerschaftsbeschwerden wie Übelkeit und Völlegefühl.

Vor Jahren las ich im *Readers Digest* unter der Rubrik »Neues aus der Medizin« eine Notiz, in der es hieß, daß auch werdende Väter oft unter den gleichen Beschwerden wie ihre Frauen litten. Daß es Lutz ebenso erging, war wohl nur durch unsere enge Verbundenheit zu erklären. Wir stehen uns so nahe, daß sich mein Leiden auf ihn überträgt, wobei die tatsächliche Vaterschaft wohl keine Rolle bei diesem Phänomen spielt.

Außer ihm und Lena, meiner Computerkursgefährtin, hatte ich niemanden, mit dem/der ich über meine Sorgen sprechen konnte. Ich war neugierig auf die Meinung der Feministinnen zum Thema »Leihmutterschaft«; daher vereinbarte ich mit den Frauen vom »Feministischen Gesundheitszentrum Berlin« (FGZ) einen Gesprächstermin.

Dort hatte frau sich bereits mit den neuen Reproduktionstechnologien befaßt, ohne jedoch praktische Erfahrungen damit gesammelt zu haben. Gabi und Heidi vom »FGZ« hatten mir netterweise einen Gesprächstermin außerhalb der üblichen Sprechzeiten reserviert. Im großen und ganzen unterschied sich die Argumentation der »FGZ«-Frauen nicht wesentlich von der meiner Frankfurter Freunde. Ich fragte mich, wie oft Sarah schon mit den gleichen Phrasen und Fragen gequält worden war.

»Wir bestreiten das Recht auf ein biologisch eigenes Kind.« Damit stellten Heidi und Gabi ganz klar heraus, daß sie genau wie ich Gegnerinnen jeglicher »in vitro Fertilisation« — ob mit oder ohne »Leihmutter« — sind. Denn erst durch die künstliche Befruchtung außerhalb des Körpers werden genetische Manipulationen möglich gemacht.

Die »FGZ«-Frauen teilten meine Empörung über den selbstherrlichen Marseiller Gockel, der sich von vornherein anmaßte, den Wert der »Leihmutter« festzuschreiben. Meine Vermutung, daß seine Hormonanalysen, die er unverschämterweise von ahnungslosen »Wunscheltern« finanzieren ließ, privaten Forschungszwecken dienen, wurde von den Feministinnen geteilt.

Die anschließende Frage, ob Geller auch eine Amnioskopie (Fruchtwasseruntersuchung) verlange, konnte ich nicht mit Sicherheit beantworten. Eine Amnioskopie kann frühestens im vierten Schwangerschaftsmonat vorgenommen werden; dabei wird eine Hohlnadel durch die Bauchdecke der Schwangeren gestochen und eine Fruchtwasserprobe entnommen. Die darin befindlichen embryonalen Zellen werden auf Nährböden kultiviert und anschließend auf ihren Chromosomengehalt untersucht. Außer dem Geschlecht des Kindes können so auch schwere chromosomale Anomalien festgestellt werden. Wenn die Untersuchungsergebnisse vorliegen, ist der fünfte Schwangerschaftsmonat erreicht.

In den USA werden »Leihmütter« vertraglich dazu verpflichtet abzutreiben, falls chromosomale Abweichungen festgestellt werden. Im fünften Schwangerschaftsmonat sind die Kindsbewegungen bereits deutlich spürbar. Eine Abtreibung ist in diesem Stadium auch für die Mutter nicht ungefährlich, da der Eingriff durch die Bauchdecke vorgenommen wird. Eine Entschädigung für die »Leihmutter« ist nicht vorgesehen. Abgesehen davon birgt schon allein die Amnioskopie ein erhöhtes Fehlgeburtsrisiko, wobei die »Leihmutter« ebenfalls leer ausgeht.

Ich erzählte Heidi und Gabi von dem Verfahren einer anonymen Entbindung, worauf sie sich, ebensowenig wie ich, einen Reim machen konnten. Mit einiger Genugtuung vernahmen sie meine Absage an Gellers obskures Institut. Meine einzige Absicherung bestünde in der Einwilligung zur Adoptionsfreigabe, die ich nicht eher geben würde, bis ich die gesamte »Aufwandsentschädigung« erhalten hätte.
Die »FGZ«-Frauen, an Rat- und Hilfesuchende gewöhnt, wußten nicht recht, warum ich sie aufgesucht hatte, denn ich kam offensichtlich auch alleine ganz gut zurecht. Ich hatte eben nur ihre Meinung hören wollen. Vorsichtsheitshalber ließ ich mir die Adressen von Marseiller Frauengruppen geben. Ich ahnte damals noch nicht, wie wertvoll diese Informationen werden würden.
Zwei Monate waren seit Antragstellung vergangen. Ich hatte inzwischen die sechzehnte Schwangerschaftswoche erreicht, als ich endlich Nachricht von der »Mutter-Kind-Stiftung« (in Berlin: »Hilfe für die Familie«) erhielt. Jeweils zweihundertfünfzig Mark wurden für Umstandskleidung und Babyerstausstattung gewährt. Die Waschmaschine wurde ebenfalls genehmigt und großzügigerweise mit eintausendfünfzig Mark veranschlagt; laufende Hilfe zum Lebensunterhalt sollte ich aber nur in den letzten drei Schwangerschaftsmonaten erhalten, lächerliche dreihundert Mark pro Monat wurden für angemessen erachtet, was noch nicht einmal für die Miete ausreichte.
Obwohl ich schon wieder im Rückstand war, ließ die Hausverwaltung mich noch in Ruhe. Bis es soweit war, daß ich zwangsgeräumt würde, läge die Entbindung bereits hinter mir, und ich würde mit meiner kleinen Familie freiwillig die Stadt und auch das Land verlassen haben. Lutz beschaffte mit seinen Aktivitäten genug für unseren Lebensunterhalt.
Ich rief Frau P., die Sozialarbeiterin der Säuglingsfürsorge an, um mich über die unzulängliche laufende Hilfeleistung seitens der Stiftung zu beschweren. Frau P. hörte geduldig zu, aber

diesmal konnte sie mir nicht weiterhelfen. Sie wies mich daraufhin, daß die Zahlungen einmalig erfolgten und weder ein Widerspruchsrecht noch die Möglichkeit eines Nachfolgeantrags bestehe.
Bereitwillig gab sie mir die Telefonnummer der Stiftung; dort meldete sich eine Frau Freisinger.
»Sie können froh sein, daß Sie überhaupt etwas bekommen!« wies sie meine Beschwerde ab und hängte ein. Kein Wunder, daß die Zahl der Schwangerschaftsabbrüche nach sozialer Indikation seit Bestehen der Stiftung konstant geblieben ist.
Abtreibung ist Mord, aber vielfach gerät sie zur Notwehr existenzbedrohter Frauen; die Stiftungsgelder stellen keine echte Hilfe, sondern nur ein kärgliches Almosen dar.
Am Abend desselben Tages rief ich Sarah an. Sie hatte meine Absage an Geller und seine Institution bereits erhalten, aber noch nicht an ihren »Halbgott in Weiß« weitergeleitet. Ausweichend erkundigte sie sich nach *unserem* gesundheitlichen Befinden.
»Deinem Kind geht es ausgezeichnet — mir selbst den Umständen entsprechend kotzig.« Ich wies Sarah darauf hin, daß der Bewilligungsbescheid der Stiftung die Auflage enthalte, nach der Entbindung den Mutterpaß sowie auch die Geburtsurkunde vorzulegen.
»Irgendwie muß ich denen wohl einen Nachweis über den Verbleib des Kindes liefern.«
Sarah wußte darauf keine Antwort, sie wollte sich aber erkundigen. Mit ihrer Ankündigung, sie werde demnächst wieder beruflich in Berlin zu tun haben, beendeten wir das Gespräch.
Noch spürte ich die Bewegungen des Babys nicht in mir. Im Rahmen der routinemäßigen Schwangerschaftsüberwachung war nun auch eine Ultraschalluntersuchung angesagt. Auf dem Monitor war überraschend deutlich ein kleines Menschlein zu sehen. Es fehlte nichts; gut sichtbar zeichneten sich sogar winzige Fingerchen und Zehen ab.
»Sehen Sie nur! Es lutscht sogar am Daumen. Ich weiß, daß

schon Ungeborene das machen, aber ich sehe es das erste Mal mit eigenen Augen. Frau G., kommen sie schnell, das müssen Sie sich anschauen!« rief der Arzt hingerissen seiner Sprechstundenhilfe zu. Aber als sie endlich kam, war der große Augenblick schon vorbei. Höflich wies sie ihn darauf hin, daß er mit seinen Terminen schon im Verzug sei. Schade, ich hätte noch stundenlang »fernsehen« können.
Das Ultraschallfoto war leider nicht so deutlich wie ich gehofft hatte, so daß ich die einzelnen Körperteile für Sarah markierte.
Mit Gruß und Kuß sowie der Versicherung, daß es *ihrem* Kind gutgehe, schickte ich ihr die Aufnahme noch am selben Tag zu. Wenige Tage später — sie konnte meinen letzten Brief noch nicht erhalten haben — bekam ich die Antwort auf meine Absage an CEFER:

Liebe Felicitas,
wenn ich mich auch nicht so oft melde in letzter Zeit, so denke ich doch an Dich.
Hoffentlich geht es Dir gut.
Heute ist typisch »deutsches« Wetter hier. Es regnet und schneit gleichzeitig,und alles geht durcheinander, weil die Leute nicht darauf eingestellt sind. Niemand geht mehr aus dem Haus, und alle warten, bis es vorbei geht. So ein echter Winter ist hier im Januar und Februar; da ist es am kältesten.
Ich stecke meine ganze Energie im Moment in die Arbeit und bin ganz schön gestreßt. Das ist nicht schlimm ab und zu, aber als Dauerzustand macht es krank und hohl im Kopf; für Gefühle ist auch keine Zeit.
Bis zum Sommer möchte ich den Hauptteil meiner Arbeit hinter mir haben, um anschließend mehr Zeit zur Verfügung zu haben. Ich bin vom (Datum) bis (Datum) wieder für eine Woche in Berlin. Dann werde ich Dich besuchen, wenn Du nichts dagegen hast. Wir haben einiges zu besprechen.
Ich habe endlich mit Dr. Geller über Deine Entscheidung ge-

sprochen. Nach der ersten Überraschung war er dann doch ziemlich verständnisvoll. Was er gesundheitlich von Dir haben möchte, sind die Ultraschallergebnisse. Wenn Du sie haben kannst, solltest Du sie ihm zukommen lassen, meine ich; das beruhigt ihn sicher.

Die Tatsache, unter »X« nicht zu entbinden, macht eher uns etwas aus, als ihm. Ich habe mich jetzt ausführlich beim Rechtsanwalt erkundigt, welche Folgen das für uns hätte; das würde bedeuten, daß Dein Name in der Geburtsurkunde auftaucht und das Adoptionsverfahren für mich erheblich erschwert, verlängert und verteuert wird. Unter »X« kommt mein Name zwar nicht gleich, sondern nach erfolgter Adoption, in die Geburtsurkunde. So ist die Situation, die ich — noch eher als mein Mann — in Kauf nehmen würde.

Es macht ihm sehr viel mehr aus, weil er konventioneller ist. Es gäbe eventuell eine Kompromißlösung, so daß Du ganz normal unter *Deinem* Namen entbindest (in den Krankenhaus- bzw. Versicherungspapieren), aber nicht Deinen Namen in die Geburtsurkunde gibst.

Du solltest Dich erkundigen, ob Du für Deine »Sache« eine Geburtsurkunde wirklich benötigst. Du kannst ja aus Gründen der Unwissenheit im Ausland nicht die Formalitäten kennen und somit erfüllen. Ich glaube, daß könnte so gehen. Was meinst Du?

Ich habe ein schlechtes Gewissen Dir gegenüber, von Dir zu verlangen, Dich zusätzlich noch anderen Problemen auszusetzen. Ich werde Deine Entscheidung immer respektieren, das solltest Du wissen; gleichzeitig möchte ich Dir auch immer ganz offen mitteilen, was im Moment in mir gerade vorgeht; und dann können wir sehen, wie wir damit umgehen.

Natürlich sollte das von Deiner Seite genauso sein. Vertrauen ist die einzige Möglichkeit in unserer Situation, und je durchsichtiger sie ist, desto leichter für uns, meine ich. Ich hoffe allen Herzens, daß Du zurecht kommst und die paar Kräuter der Provence Dir guttun. (Was macht die Nierengeschichte?)

Ich umarme Dich ganz herzlich und denke weiterhin an Dich.

Sarah

Ich ärgerte mich, daß Sie Geller noch immer vertraute und es mir nicht gelungen war, ihn in ihren Augen zu entthronen. Den Urinbehälter hatte ich natürlich nicht ans Labor zurückgeschickt.

Die Hormonanalysen konnten nur einem Zweck dienen; es gibt eine Hypothese, daß die hormonale Zusammensetzung im Urin davon abhängt, ob ein Mädchen oder ein Junge erwartet wird. Dazu wird der »Leerwert«, d. h. nicht schwanger (deshalb wurde beim ersten Besuch in Marseille eine Urinprobe genommen), als Vergleichswert benötigt sowie die Hormonzusammensetzung nach Eintritt einer Schwangerschaft. Dieses noch zu beweisende Verfahren würde eine Geschlechtsbestimmung des Kindes schon in der sechsten oder siebenten Schwangerschaftswoche ermöglichen, was bisher erst nach Ablauf des fünften Monats mit Sicherheit festgestellt werden kann (Amnioskopie). Demzufolge sind »Leihmütter« für Geller willkommene und obendrein kostenlose Versuchskaninchen, da er sich seine privaten Forschungen von den Auftraggebereltern bezahlen läßt. Selbstredend wollte ich diesem Scharlatan keinerlei Untersuchungsergebnisse zukommen lassen und bereute, daß ich Sarah die Ultraschallaufnahme geschickt hatte, weil sie sie wahrscheinlich an ihn weiterleiten würde.

Um mir Klarheit über das mysteriöse »Madame X«-Verfahren zu verschaffen, vereinbarte ich mit einer Anwältin in meiner näheren Wohngegend einen Beratungstermin. Ich habe einen guten und engagierten Stammanwalt, doch diesmal wollte ich lieber mit einer Frau sprechen.

Frau B. war eine junge Frau in meinem Alter. Leider hatte sie sich bislang nicht für die juristischen Aspekte der »Leihmutterschaft« interessiert. In groben Zügen schilderte ich ihr Sarahs und meine Geschichte. Die Anwältin konnte mir keine

gesicherte Auskunft darüber erteilen, ob in unserem Fall deutsches oder französisches Recht für das Adoptionsverfahren galt.
Auf die Besonderheit der anonymen Entbindung unter »Madame X« angesprochen, konnte sie sich erst recht keinen Reim machen.
»Wie wollen die denn die Herkunft des Kindes erklären?« fragte sie sichtlich irritiert.
Sie schlug vor — da ich mit der französischen Institution nicht mehr zusammenarbeitete —, einen Vertrag über die zwischen mir und Sarah getroffenen Vereinbarungen aufzusetzen. Mit der Begründung, daß alles auf Vertrauen basiere und ein Vertrag ohnehin kaum einklagbar wäre, lehnte ich dankend ab.
Schleierhaft blieb, wie ich als »Madame X« meine Einwilligung zur Adoptionsfreigabe geben könne, worin meine Absicherung für den tatsächlichen Erhalt meiner Aufwandsentschädigung bestünde.
Abschließend riet mir Frau B., noch einmal mit Sarah gemeinsam vorbeizukommen; in der Zwischenzeit würde sie sich in Sachen Adoptionsrecht informieren.

Wiedersehen mit Sarah

Wie angekündigt, suchte mich Sarah an einem Nachmittag zu Hause auf. Sie hatte einige Fotos der *Ferme* mitgebracht, wo ich zusammen mit Aglaya und Lutz die Zeit bis zur Entbindung und auch danach verbringen sollte.

Nach meiner Überzeugung ist die Geburt eines Kindes keine Krankheit. Daher wollte ich, wenn Lutz mich pflegte, die Klinik am Tag nach der Entbindung wieder verlassen.

Aglaya war hellauf begeistert von den Bildern, die ein hübsches Landhaus mit viel Grün im Hintergrund zeigten. Das Innere der *Ferme* wirkte nicht weniger anziehend; einer der Räume hatte einen großen Kamin.

Da ich es gewohnt war, die meisten Wege mit dem Fahrrad zurückzulegen, fragte ich Sarah, ob sie mir dort auch eines zur Verfügung stellen könne. Dafür wollte sie sorgen. Ob der von mir gewünschte Telefonanschluß möglich wäre, konnte sie nicht mit Sicherheit versprechen.

Die Kindesbewegungen waren nun bereits sehr kräftig, was sich unangenehm auf meine Blasenfunktion auswirkte; ich mußte häufig pinkeln, zumal ich zur Vorbeugung einer Niereninfektion sehr viel trinken mußte. Trotz der Beschwerden freute auch ich mich über die täglich kräftiger werdenden Lebenszeichen des Kindes. Äußerlich war mir die Schwangerschaft immer noch kaum anzusehen.

»Du bist schlanker als ich«, stellte Sarah verwundert fest. Ich fragte mich unwillkürlich, wie sie ihren Verwandten, Freunden und Bekannten die Herkunft des Kindes erklären wollte; ob sie etwa vorhatte, ihrer Umgebung eine Schwangerschaft *vorzuspielen*, denn sie hatte tatsächlich einige Pfunde zugenommen. Aber das war nicht mein Problem, und der Gedanke verblaßte bald wieder.

Mir fiel ein, daß ich einen ganzen Stapel bunter Broschüren

von der nicht eingeweihten Sprechstundenhilfe meines Frauenarztes erhalten hatte. Außer Informationen zu Schwangerschaft und Geburt vermitteln diese Hefte auch einige nützliche Ratschläge in puncto Gesundheits- und Säuglingspflege. Es wäre gut, so dachte ich, wenn sich Sarah wie eine *normale* Mutter auf *ihr* Kind vorbereiten würde und übergab ihr das Informationspaket einschließlich einem Heftchen mit Namensvorschlägen. In einem der Ratgeber hieß es, daß in den letzten acht Wochen der Schwangerschaft keine weiten Reisen mehr unternommen werden sollten.

»Geller schert sich einen Dreck um das gesundheitliche Risiko der »Leihmütter«, sonst würde er nicht vorschlagen, erst drei Wochen vor der Entbindung anzureisen.«

»Ich weiß gar nicht, was du willst; Roger und ich haben deine Entscheidung akzeptiert. Du hast mit Dr. Geller nichts mehr zu tun.«

Trotzdem wurmte mich der Gedanke an die Anmaßungen und Bevormundungsversuche dieses eingebildeten »Weißkittels« immer noch. In Sarahs Beisein vereinbarte ich telefonisch einen Termin für den nächsten Tag mit der Rechtsanwältin. Inzwischen hatte Frau B. herausgefunden, daß generell das Adoptionsrecht des Landes angewendet wird, dem die annehmenden Eltern angehören.

Bezüglich des »Madame X«-Verfahrens war die Anwältin genauso schlau wie zuvor. Sarah betonte ausdrücklich die Legalität der anonymen Entbindung in Frankreich, war aber außerstande, die rechtlichen Grundlagen dafür zu nennen. Da die CEFER-Broschüre offiziell und frei zugänglich ist, konnte ich mir auch nicht vorstellen, daß das Verfahren völlig illegal ist. Die Adoptionsfreigabe könne nicht ohne schriftliche Einwilligung der leiblichen Mutter erfolgen, betonte Frau B. Rätsel über Rätsel ...

Nachdem die Anwältin versprochen hatte, ein schriftliches Gutachten zum Adoptionsrecht zu erstellen, verließen wir die Kanzlei.

Sarah hatte noch ein wenig Zeit und lud mich zu einem Wein (ausnahmsweise!) in ein nahegelegenes Café ein. Wir hatten keine Lust mehr, den bürokratischen Ablauf weiter zu diskutieren und plauderten noch ein Weilchen über unsere Zukunft.
»Auch nach der Geburt des Kindes muß ich weiter arbeiten. Ich habe mich bereits in verschiedenen Kinderkrippen umgesehen . . .«, begann sie.
»Behalte das Kind, wenn irgend möglich, wenigstens bis zum ersten Lebensjahr bei dir, denn dies ist das wichtigste im Leben eines Menschen. Könnt ihr es denn nicht so einrichten, daß du dich abwechselnd mit deinem Mann um das Baby kümmerst?«
»Roger ist genau deiner Meinung, aber er ist in Bezug auf unsere Finanzen manchmal ein wenig unrealistisch; schließlich muß ich das Geld für dich verdienen.«
Betroffen verschlug es mir die Sprache; »Menschenhändlerin«, höhnte eine innere Stimme. Mir kam eine Idee, wie Sarah das Geld wieder hereinholen und obendrein anderen kinderlosen Paaren helfen könnte:
»Alle Berichte, die ich bis jetzt zum Thema ›Leihmutterschaft‹ gelesen habe, stammen von Männern. Noch nie haben die betroffenen Frauen, seien es ungewollt kinderlose oder ›Leihmütter‹, selbst ausführlich über ihre Erfahrungen berichtet und ihre Empfindungen dazu geäußert. Stattdessen lassen sie sich von solchen Leuten wie Geller bevormunden. Ich habe jedenfalls beschlossen, meine Erfahrungen stellvertretend für andere potentielle ›Leihmütter‹ zu veröffentlichen. Wie wär's, wenn auch du ein Buch über deine Beweggründe und Gefühle dazu schriebest. Frauen in deiner Situation werden doch gemeinhin als neurotisch diffamiert. Vielleicht könnten wir unsere Geschichten gemeinsam herausbringen; das wäre doch ein Knüller . . .«
Statt Begeisterung erntete ich lediglich ein verlegenes »Ach, ich weiß nicht«. Damit war das Thema beendet.
Sie schaute auf die Uhr und rief den Kellner. Obwohl unser Abschied auf dem U-Bahnsteig von Küssen und herzlichen

Umarmungen begleitet war, fühlte ich mich ein wenig wehmütig; soviel von dem, was mir auf dem Herzen lag, blieb unausgesprochen.
Mit der Ultraschallaufnahme hatte Sarah nichts anfangen können, obwohl sie durch meine zusätzlichen Markierungen einiges hätte erkennen können, wenn sie sich Mühe gegeben hätte. Vor lauter Streß und Arbeit kommt die Ärmste nicht zum Denken, tröstete ich mich.
Außer den bunten Broschüren aus der Frauenarztpraxis hatte ich ihr einen *Spiegel*-Artikel mitgegeben, worin ungewollt kinderlosen Frauen wieder einmal neurotische Störungen unterstellt wurden. Ich hoffte insgeheim, daß Sarah dadurch vielleicht doch noch dazu angestachelt würde, ihre eigene Geschichte aufzuschreiben. Da Sarah bis zum Hals in Arbeit steckte, ergab sich keine Gelegenheit, sie noch einmal zu sehen. Ungefähr zehn Tage nach ihrer Abreise erhielt ich wieder Post von ihr:

Liebe Felicitas,
meine stressige Reise ist nun endlich zu Ende, und ich schicke Dir den *Spiegel*-Artikel zurück.
Anbei der hochinteressante Vortrag einer Professorin aus Hamburg, der Dich sicherlich interessieren wird.
Ich hoffe, es geht Dir weiterhin gut, und der Berliner Smog macht Dir nicht allzuviel zu schaffen.
Sobald Du die schriftliche Erklärung über das Adoptionsverfahren hast, schicke es mir bitte zu. Damit werde ich mich dann ausführlich bei einem französischen Rechtsanwalt erkundigen.

Weiterhin alles Liebe
Sarah

Der beigefügte Vortrag stammte von Frau Professorin Dagmar Coester-Waltjes. Der Begleitbrief der Professorin für Rechtswissenschaften an der Universität Hamburg war an Geller adressiert und enthielt eine Danksagung für von ihm übersandte Unterlagen. Das Werk trug den Titel »Gedanken zur übernommenen Mutterschaft«.

Viele meiner Überlegungen, die ich in meinem »Statement« ausgeführt hatte, fand ich dort wieder. Frau Coester-Waltjes bezweifelte, daß die »übernommene Mutterschaft« überhaupt ein juristisches Problem darstelle. Mit Entschiedenheit wandte sie sich gegen ein Verbot der »Leihmutterschaft«, da die Frau nicht vor sich selbst geschützt werden müsse. Also ein Plädoyer für das Selbstbestimmungsrecht der Frau. Dadurch werde das Wohl des Kindes nicht angetastet.

Ich vermißte allerdings in dem Vortrag die wichtige Unterscheidung zwischen der *homologen* (künstliche Besamung) und der *heterologen* (in vitro-Fertilisation) »Leihmutterschaft«. Es störte mich auch, daß sich Frau Coester-Waltjes gegen eine Bezahlung der »Leihmutter« aussprach, hingegen aber mit keinem Wort auf kommerzielle »Leihmuttervermittlungsagenturen« wie CEFER einging.

Es interessierte mich brennend, welche Unterlagen sie von Geller erhalten hatte. Nur zu gerne hätte ich mit ihr den Vortrag aus der Sicht der unmittelbar Betroffenen diskutiert. Leider fand sich keine Frau Coester-Waltjes im Hamburger Fernsprechbuch; mich an die Uni zu wenden, erschien mir zu umständlich, und ich gab mein Vorhaben auf. Allmählich wurde ich neugierig, was die feministische Presse zum Thema »Leihmutterschaft« zu sagen hatte, weshalb ich, ohne meinen Namen zu nennen, bei der *Emma*-Redaktion in Köln anrief. Ich erfuhr, daß frau sich bereits mit dem Thema befaßt hatte. Das Angebot, mir die betreffenden Ausgaben zuzuschicken, lehnte ich wegen der Wahrung meiner Anonymität dankend ab. Nachdem frau mir den ungefähren Zeitpunkt dieser *Emma*-Ausgaben genannt hatte, fand ich zwei Artikel im Archiv der Amerika-Gedenkbibliothek.

Vom feministischen Standpunkt aus wurden »Leihmütter« als Opfer männlicher Machenschaften bedauert und obendrein als quasi Prostituierte diffamiert. Zum Beweis dafür war ein anonymer Leserinnenbrief abgedruckt worden.

Dabei handelte es sich um eine »heterologe Leihmutter«, die von ihrem Frauenarzt dazu überredet worden war, das Kind einer anderen auszutragen. Die Schwangerschaft sei eine entwürdigende Prozedur gewesen, wobei sie sich dem Willen der Ärzte widerstandslos gefügt habe, schrieb die bedauernswerte Frau. Ihr Mann, mit dem sie früher eine glückliche Ehe geführt habe, habe sie als »Hure, die sich von jedem Weißkittel anfassen lasse«, beschimpft und sich einer anderen zugewandt. Die Kinder seien ihr entzogen worden; von Nachbarn und Bekannten geächtet, sei sie in eine andere Stadt geflohen und als einziger Freund sei ihr nun der Alkohol geblieben.

»Ich bezweifle, daß die Ehe dieser Frau vorher tatsächlich so glücklich gewesen ist; entweder mensch ist bereit, die Dinge des Lebens gemeinsam zu bewältigen, oder läßt es eben von vornherein. Sie kann froh sein, daß sie dieses Arschloch von Ehemann los ist«, war der Kommentar von Lutz dazu.

In keinem der beiden *Emma*-Artikel wurden die ungewollt kinderlosen Geschlechtsgenossinnen auch nur mit einem Wort erwähnt. Insofern machte die feministische Presse keinen Unterschied zu den chauvinistischen Zeitschriften *Stern, Spiegel* oder *Konkret,* die ich ebenfalls in der Bibliothek fand und für Sarah gleich mitkopierte.

Außerdem besorgte ich mir das Buch »Retortenmütter« von Rita Arditte u. a., das als Literaturhinweis zu einem der *Emma*-Artikel angepriesen wurde.

Die Bewegungen des ungeborenen Lebens waren inzwischen so kräftig, daß sie auch von außen gut spür- und sichtbar wurden. Das Baby gedieh prächtig, was aber für mich quälende, unaufhörliche Rückenschmerzen zur Folge hatte, die mit Wärmepflastern und Massagen behandelt wurden.

Auf die Frage des Frauenarztes nach meinem sonstigen Befinden klagte ich über das noch immer gelegentlich auftretende Erbrechen. Er horchte auf.

»Übelkeit in diesem Schwangerschaftsstadium (Ende des sechsten Monats) ist nicht normal.«
Das wußte ich selbst. »Vielleicht liegt das daran, daß ...«
Der Arzt ließ mich nicht ausreden; offenbar hatte er keine Lust, auf meine besondere Situation einzugehen.
»Vorsichtshalber verschreibe ich Ihnen ein Vitamin-B-Präparat, das dem Kind garantiert nicht schadet; die Übelkeit kann ihre Ursache in einem Vitamin-B Mangel haben, worunter ihre Leber leiden könnte. Na, dann wünsche ich Ihnen alles Gute.«
Sein kräftiger Händedruck besiegelte meinen Rausschmiß aus dem Sprechzimmer. Draußen fragte mich die (uneingeweihte) Arzthelferin, ob sich meine Tochter, die ich nie mit in die Praxis gebracht hatte, schon auf das neue Geschwisterchen freue, und ob wir lieber ein Brüderchen oder ein Schwesterchen hätten.
»Ist uns egal«, erwiderte ich kurz, denn mein Magen begann schon wieder zu rebellieren.
»Ich will dieses Kind nicht«, schrie es in mir. Wohl oder übel mußte ich diese Schwangerschaft überstehen; ich wußte, ich könnte keinen Winter mehr ertragen in der ständigen Angst, Aglaya würde ersticken.
Das Erbrechen, dessen war ich mir sicher, war nur die Rache meines Unterbewußtseins, das so die unerwünschte Leibesfrucht loszuwerden suchte. Nachdem mir dies klargeworden war, ging es mir besser, und die Vitaminpillen erübrigten sich. Der dicke Bauch wurde ebenso lästig wie der ständige Harndrang, der mich auch nachts immer wieder aus dem Schlaf riß. In den letzten beiden Monaten meiner Schwangerschaft mit Aglaya hatte ich unter ähnlichen Beschwerden gelitten; nur damals machte die Vorfreude auf *mein* Kind alles erträglicher; diesmal war das anders.
»Dreh' nicht so auf! Du bist schließlich nur Gast«, pflegte Lutz zu dem »kleinen Monster« zu sagen, wenn es wieder einmal seine nächtlichen Turnübungen in mir veranstaltete, wo-

bei er sanft seine Hand auf meinen Bauch legte. Oft erschien es mir, als ob das Ungeborene verstanden hätte, denn es wurde ruhiger. Verzweifelt bemühte ich mich um Distanz zu dem kleinen Wesen; ich wollte es nicht liebgewinnen, weil ich mich ja doch von ihm trennen mußte.

Vier Wochen waren seit Sarahs letzter Berlin-Visite vergangen, als sie wieder beruflich in der Stadt zu tun hatte. Diesmal besuchte sie mich nicht zu Hause, sondern lud mich zum Abendessen in ihr Hotel ein. Als ich dort eintraf, herrschte noch reger Betrieb im Speisesaal; Sarahs Arbeitskollegen saßen noch an einigen Tischen.

Sie selbst wirkte noch gestreßter und nervöser als bei unserem letzten Treffen; auf ihrem Kinn hatte sich eine furunkelähnliche Entzündung gebildet, die ich scherzhaft »Berliner Allergiebeule« nannte. Außer den fotokopierten Pressestimmen hatte ich ihr auch ein Exemplar der »Retortenmütter« mitgebracht. Verschämt legte Sarah das Buch mit der Titelseite nach unten auf den Tisch.

»Das braucht ja nicht jeder zu sehen«, meinte sie, wobei sie sich ein wenig ängstlich umschaute.

Um der Konvention Genüge zu tun, hatte sie mich ihren Kollegen einfach als deutsche Freundin vorgestellt. Ich wäre lieber mit ihr nur ganz ruhig dagesessen, während sie ihre Hand auf meinen Bauch gelegt hätte, um den ersten fühlbaren Kontakt zu *ihrem* Kind aufzunehmen.

Ich erfuhr, wie sie an den Vortrag von Frau Professorin Coester-Waltjes gekommen war. Sarah hatte es nämlich übernommen, Gellers gesamte deutschsprachige Korrespondenz zu bearbeiten, um so die Kosten für diverse Untersuchungen wie Sterilitätsbestätigung, die Spermienqualitäts- und quantitätsbestimmung, meine physische und psychische Tauglichkeitsprüfung und die Hormonanalysen abzuarbeiten.

»Wenn Geller bei dir und Roger mit derselben ›Gründlichkeit‹ vorgegangen ist wie bei mir, sehe ich nicht ein, warum du den Pfusch auch noch bezahlen sollst«, rief ich aufgebracht. »Ich würde diesem Kerl nicht einen Pfennig in den Rachen schmeißen.«

Ich berichtete ihr von meinen Vermutungen über den Zweck seiner Hormonanalysen. Sie ging nicht darauf ein, sondern wechselte abrupt das Thema.

Sie begann über die hohen Ausbildungs-, insbesondere Studienkosten in Frankreich zu reden. Anhand meines eigenen Studiendesasters stellte ich ihr den neuesten Stand in der BRD dar. Außerdem wandte ich ein, daß es wohl sehr verfrüht sei, sich Gedanken um die Ausbildung eines Kindes zu machen, das noch nicht einmal geboren sei. Allerdings könne sie schon einmal die Situation und Platzvergabe der französischen Kindergärten (nicht »Krippen«) ausloten; in Deutschland gäbe es derartig lange Wartelisten für die städtischen Kindertagesstätten, daß es sich fast schon empfehle, sein Kind dort anzumelden, wenn mensch beabsichtigt, eines in die Welt zu setzen.

Ausführlich erzählte ich Sarah von einer Veranstaltung, die angesichts der teilweise skandalösen personellen Zustände in den senatseigenen Berliner Kitas von der GEW (Gewerkschaft für Erziehung und Wissenschaft) und der ÖTV (Öffentlicher Dienst, Transport und Verkehr) durchgeführt worden war. Es wurde ein abendfüllendes Thema, wobei ich meinem Ärger über das offensichtliche Unverständnis der zu dieser Protestveranstaltung ebenfalls erschienenen Senatsvertreter heftig Luft machte.

Es war spät geworden, als Sarah mich auf einen Sprung zu sich aufs Zimmer einlud, um mir noch ein paar kleine Geschenke zu überreichen. Wohlig ließ ich mich auf das Bett fallen; durch das lange Sitzen hatten meine Rückenschmerzen stark zugenommen. Während Sarah in ihren Sachen kramte, genoß ich den Moment der Entspannung. In diesem Augenblick begann das Kind, heftig zu strampeln.

»Fühl mal!« rief ich.

Ein wenig zögernd legte Sarah ihre Hand auf meinen Bauch, um sie jedoch sofort, fast erschreckt, wieder zurückzuziehen, als sie die erste Regung spürte. Genau wie Sarah hatte damals Aglayas Zeuger reagiert; die Wiederholung der gleichen Geste durch sie tat wahrhaftig weh ... Die Mitbringsel, Weizenkeimöl, Hautcreme, frische Kräuter und Wildhonig aus der Provence, konnten mich nicht über meine Enttäuschung hinwegtrösten.

Deutlich vermißte ich Sarahs Anteilnahme und Verständnis, zumal ich ohnehin an einem Mangel an menschlicher Wärme litt. Außer daß ich Aglaya mit dem Fahrrad zur Kita hin- und zurück brachte, ging ich kaum noch aus dem Haus. Wenn Besuch kam, meistens für Lutz, kauerte ich mich so in den Sessel, daß meine »anderen Umstände« nicht zu erkennen waren. Meine eigenen sozialen Kontakte hatte ich rechtzeitig stillgelegt.

Der Computerkurs war seit einem Monat zu Ende, ohne daß den anderen Teilnehmerinnen die Schwangerschaft aufgefallen wäre. Mit Lena, der einzigen, die ich in alles eingeweiht hatte, unterhielt ich noch sporadisch übers Telefon Kontakt.

Lutz, der das Lachen allmählich aus den Augen verlor, zog sich immer mehr in sich selbst zurück. Obwohl er mich nach besten Kräften entlastete und mich mit aufopferungsvoller Fürsorge umgab, wurde er zusehends schweigsamer. Und ich konnte nur erahnen, was in ihm wirklich vorging. Unsere ehemals recht leidenschaftliche Beziehung war merklich abgekühlt; auf erotischer Ebene spielte sich fast nichts mehr ab. Oft wirkte er genervt und sogar Aglaya gegenüber gereizt, was mich besonders schmerzte.

Mit Sarah sprach ich nur andeutungsweise über meine privaten Probleme; sie hatte wahrlich genug mit ihren eigenen zu tun. Auch sie hatte sich zunehmend von ihrer Umwelt zurückgezogen.

»Wir haben die allsonntäglichen Besuche bei meinen Schwiegereltern eingestellt. Sie wissen, daß ich Fehlgeburten hatte. Wir wollen sie mit dem Kind überraschen und ihnen sagen, daß wir das kleine Geheimnis bewahrt hätten, um ihnen die

Enttäuschung zu ersparen, wenn es wieder nicht geklappt hätte«, hatte sie beim Abendessen erzählt.
Nach knapp zehnminütigem Aufenthalt auf ihrem Zimmer fuhr ich mit der letzten U-Bahn nach Hause, ohne daß wir noch einmal über den bürokratischen Ablauf nach der Geburt geprochen hätten. Sie hatte meine Entscheidung, nicht anonym zu entbinden, hingenommen.
Am nächsten Tag lag endlich das Gutachten der Rechtsanwältin in meinem Briefkasten. Im wesentlichen enthielt es dieselben Aussagen wie bei der mündlichen Beratung; mit einer Ausnahme: Gemäß Reichsgesetzgebung bedürfe es bei der Annahme eines deutschen Kindes der Genehmigung des deutschen Vormundschaftsgerichts. Da Sarah an diesem Tag bereits wieder abreiste, schickte ich ihr das Gutachten zu. Drei Wochen später erhielt ich ein Päckchen, dem ihre Antwort beigefügt war.

Liebe Felicitas,
meine Berliner Allergiebeule ist wieder weg, obwohl das Wetter hier immer noch schlecht ist; regnerisch und kühl.
Wir haben eine Woche auf der *Ferme* verbracht, und ich habe dabei oft an Dich gedacht.
Ich glaube, es wird Dir gefallen, von Vogelgezwitscher aufzuwachen und so hautnah in der Natur zu leben.
Im ersten Moment fehlen die Medien, Fernseher und so, und man hat Entzugserscheinungen.
Dann steigt man langsam auf Spaziergänge um, und der Kopf wird immer freier . . .; die Bedürfnisse einfacher.
Ich werde noch ein bißchen umräumen, damit Aglaya ein Schlafzimmer für sich hat.
Es ist schön, daß Du schon um den (Datum) kommst. Die zehn Tage, die Du allein bist, leihe ich Dir meinen Hund, und wir können ab und zu nach Cassis fahren.
Das Gutachten hat mich etwas erschreckt, vor allem die Formalitäten in Deutschland.

Was ist, wenn das Vormundschaftsgericht nein sagt?
Roger ist etwas durcheinander, weil er meint, daß wir mit diesem Verfahren keine Sicherheit haben.
Darüber können wir aber noch ausführlich sprechen, wenn Du da bist.
Ich kenne eine französische »Leihmutter« aus dem Elsaß, die um den (Datum) nach Marseille kommt.
Wir stehen seit Beginn der Schwangerschaft in engem Kontakt, und es hilft uns beiden, durch die Mitteilung unserer Gefühle und Ängste die andere Seite besser zu verstehen.
Ich würde Dir vorschlagen, sie zu besuchen (sie spricht gut deutsch), um so das Krankenhausverfahren usw. kennenzulernen, den Ablauf davor und danach, ihre Gefühle. Besser können wir uns gar nicht informieren. (Sie kommt drei Wochen vor der Entbindung).
Wir können uns auch verschiedene Krankenhäuser bzw. Hebammen ansehen.
Am Samstag war ich auf dem Markt in (Ort) und habe ein weites Hemd gefunden, das Du ganz gut als Kleid im Sommer tragen könntest. Ich lege es Dir bei.
Außerdem steht der Rosmarin gerade in Blüte, und so lege ich auch wieder »Stoff« für die nächsten vier Wochen bei.
Den ersten Flieder kann ich Dir leider nicht schicken.
Wenn Du kommst, wird es schon heiß sein, sonnig und schön.
Ein Fahrrad haben wir aufgetrieben, aber zu Fuß ist es nur eine Viertelstunde ins Dorf, und dreimal am Tag fährt ein Bus nach (Ort).
Also dann, übersteh die letzten Winterwochen in Berlin gut und bis bald.

Alles Liebe
Sarah

Ich wollte, wie besprochen, sechs Wochen vor dem errechneten Geburtstermin nach Frankreich reisen. Aglaya sollte zusammen mit ihren Erziehern und der Kindergruppe für knapp zwei Wochen an die See fahren. Mir kam das sehr gelegen, denn auch Lutz konnte so einige Tage unbelastet die Anspannung der letzten Zeit ein wenig abbauen. Nach Aglayas Rückkehr sollte er zusammen mit ihr nachkommen.

Das Unglück – der Super-GAU von Tschernobyl

Es wurde bereits soviel darüber geschrieben, daß es sich fast erübrigt, noch etwas dazu zu sagen: Mensch kennt das ja alles schon. Die Bevölkerung wurde wieder einmal verdummt; niemand begriff zuerst (und viele auch später nicht!) das gesamte Ausmaß dieser Katastrophe. Die Meßwerte und -einheiten, die bekannt gegeben wurden, waren (mit Absicht?) so widersprüchlich und verwirrend, daß keine/r durchblicken konnte (sollte?). Durch meine rudimentären biologischen Kenntnisse weiß ich, daß schon eine weitaus geringere Radioaktivität als die durch den Super-GAU freigesetzte ausreicht, um gravierende genetische und auch chromosomale Mutationen bei Mensch, Tier und Pflanze auszulösen.
Für Sarahs Wunschkind bestand die Gefahr einer Mißbildung nicht mehr; bis zum Ende des dritten Monats sind alle Organe angelegt und vollständig entwickelt. Folglich ist das Ungeborene *nur* in dem Ausmaß gefährdet, wie alle anderen Lebewesen auch. Was aus den kommenden Generationen wird, darüber kann nur vage spekuliert werden. Die Zukunft wird das gesamte Ausmaß der Katastrophe an den Tag bringen.
Niemand war vorgewarnt worden, als die radioaktive Wolke durch Berlin zog. Wie viele andere besorgte Mütter hatte auch ich mein Kind tagelang zu Hause eingesperrt. Trotz strahlendem Sonnenschein blieben die Spielplätze aus Angst vor atomarer Strahlung verwaist; es hieß, die Holzturngeräte wiesen besonders hohe Radioaktivitätswerte auf.
Vor allem in Kreuzberg, Berlins explosivstem Bezirk, regte sich mahnender Volksprotest. An vielen Fenstern und Balkonen hingen Bettlaken mit Antikernkraftparolen.
Für mich war der Super-GAU nur ein Grund mehr, so bald wie möglich die todbringende Zivilisation zu verlassen.

»Nehmt eure Kinder und flieht in die Wildnis, um noch einmal von vorne anzufangen!« würde ich am liebsten allen Menschen zurufen. Aber das ist genauso eine Utopie wie der schöne Spruch »Stell' dir vor, es ist Krieg, und keiner geht hin!« Der russische Reaktorunfall hätte auch den letzten Befürworter nuklearer Energiegewinnung umstimmen müssen, habe ich geglaubt. Aber nein! Die Bundesregierung und auch andere Staaten halten gegen den massiven Bevölkerungswiderstand unbeirrt an ihren »friedlichen« und militärischen Kernkraftprogrammen fest.
Es blieb mir nur das zu tun, was viele andere besorgte Mitmenschen ebenfalls taten: Ich stellte unsere Ernährung auf Konserven und Trockenfrüchte um und kaufte möglichst alte Eier und H-Milch aus der Vor-Tschernobyl-Zeit. Auf frische Milch, Fleisch oder Gemüse verzichteten wir und nahmen stattdessen zur Vorbeugung vor Mangelerscheinungen Vitaminpillen.
Auch Sarah rief besorgt an.
»Nach dem dritten Schwangerschaftsmonat besteht keine Gefahr, jedenfalls nicht mehr als für alle anderen auch«, beruhigte ich sie. »Den letzten Ultraschallergebnissen nach zu urteilen, geht es *deinem* Baby ausgezeichnet; der Frauenarzt sagt, daß es prächtig entwickelt und *gut im Futter* ist.«
»Kann man schon sehen, ob es ein Junge oder ein Mädchen wird?«
»Nein, das Baby hat uns diskret das Hinterteil zugewendet.«
»Du klingst so gereizt; was ist los?«
»Ich mache mir Sorgen um Aglaya wegen des Super-GAUS. Außerdem habe ich jetzt ständig scheußliche Rückenschmerzen; nur im Liegen sind sie halbwegs zu ertragen.« Mir war nicht nach einer Plauderei zumute.
»Das mußt du nun mal aushalten; schließlich bekommst du eine Menge Geld, für das ich hart arbeiten muß«, tönte es vom anderen Ende der Telefonleitung.
Ich schnappte nach Luft und spürte, wie die Wut in mir aufstieg, ich fand aber keine passende Erwiderung.

»Laß dich nicht so sehr von der Panikstimmung in Deutschland mitreißen!« empfahl Sarah und wollte wissen, an welchem Tag ich nach Nizza fliegen würde, denn inzwischen gab es diese Direktflugverbindung zwischen Berlin und Südfrankreich.

»Ich werde dir früh genug Bescheid sagen«, versprach ich und legte verärgert auf.

Um mir Luft zu machen, setzte ich einen Brief an sie auf, obwohl ich bereits ahnte, daß ich ihn nie abschicken würde:

»Kannst Du Dir vorstellen, welchem Streß und welchen physischen Belastungen ich durch die übernommene Mutterschaft ausgesetzt bin?

Ich glaube kaum, denn sonst würdest Du nicht über die Höhe der ›Aufwandsentschädigung‹ klagen — Schmerzensgeld, Abfindung für tatsächlich erlittene Leistung meinerseits, so nenne ich es.

Weißt Du, wieviel Umstände es macht, meinen Zustand vor der Öffentlichkeit zu verbergen? Kannst Du Dir vorstellen, wie mir zumute ist, wenn die Masseurin mich fragt, wie Aglaya auf das neue Geschwisterchen reagieren wird?

Ich bin meinem eigenen Kind gegenüber nicht mehr ehrlich; ich habe ihr den dicken Bauch mit Krankheit erklärt. Ihren Erziehern mußte ich erzählen, daß wir das neue Geschwisterchen nicht behalten werden, damit die guten Leute nicht etwa auf die Idee kommen, sie auf das freudige Ereignis vorzubereiten. Kannst Du nachvollziehen, was diese Schwangerschaft für meine Beziehung zu Lutz bedeutet?

Mit neugierigen Fragen wird er anscheinend einfach fertig; er antwortet nicht darauf und hinterläßt ein Mysterium. Es scheint ihm nichts auszumachen; aber zwischen uns ist vieles anders geworden.

Wir lieben uns, und so leidet er zwangsläufig mit mir. Das Leuchten in seinen Augen ist schwächer geworden, und ich hoffe, daß unsere Gefühle füreinander stark genug sind, um diese Belastung zu überstehen.«

Das zweite Inserat

Nicht lange nach dem allgemeinen Schrecken ereilte mich mein persönlicher Alptraum:

»Kinderloses Ehepaar sucht verständnisvolle Frau — Aufwandsentschädigung!«

las ich in demselben Magazin (Jobs/biete) wie damals. Zu meinem maßlosen Entsetzen war dieselbe Kontaktanschrift angegeben.

Sarah hat doch schon mich als »Leihmutter« — warum also dieses Inserat? schoß es mir durch den Kopf.

Wortlos hielt ich Lutz meine schreckliche Entdeckung hin. Noch bevor er etwas dazu sagen konnte, überhäufte ich ihn mit fragenden Befürchtungen:

»Was ist, wenn Sarah nur eine ›Agentin‹ von CEFER ist?« Mir fiel ein, daß ich in dem Buch »Retortenmütter« den verhängnisvollen Satz gelesen hatte, daß sich »Auftraggebereltern« und »LeihmutteragentInnen« oft nur schwer unterscheiden ließen. Die Formulierung, die Sarah diesmal gewählt hatte, stand zudem wortwörtlich in diesem Buch. Der Horror in mir begann zu wachsen.

»Warte die Zeit ab!« versuchte Lutz mich zu beruhigen. »Kann sein, daß Sarah nur von Geller dazu mißbraucht wird, um für andere Frauen eine ›Leihmutter‹ zu suchen; nach Eintritt deiner Schwangerschaft mußte sie doch fünfzigtausend Francs bei ihm hinterlegen. Vielleicht weigert sich dieser Kerl, die Kohle wieder rauszurücken und verlangt von Sarah als Ersatz für deinen Ausstieg, eine neue ›Leihmutter‹ zu beschaffen.«

So einleuchtend seine Argumentation auch klang, sie vermochte mich dennoch nicht zu überzeugen.

»Warum hat sie mich dann nicht ins Vertrauen gezogen?« fragte ich fassungslos, während ich mir mit schlechtem Gewissen dem Kind gegenüber eine Zigarette anzündete.

»Vielleicht hat sie es nicht für so wichtig gehalten und wollte dich nicht mit ihren Problemen belasten; oder sie hat es im Arbeitsstreß schlicht und einfach vergessen, dich zu informieren.«

Aber es gab zu viele Ungereimtheiten, zu viele offene Fragen, die sich wie Mosaiksteine zu einem grauenhaften Bild zu fügen schienen, als daß ich mich hätte beruhigen lassen.

Woher kannte Sarah die andere »Leihmutter«, die Frau aus dem Elsaß? »Betreute« sie diese Frau genauso wie mich, indem sie ihr im Auftrag von CEFER die Auftraggebermutter nur vorspielte?

Ich war völlig durcheinander; das Grauen gewann immer neue Dimensionen. Noch einmal ging mir unser letztes Treffen in Berlin durch den Kopf. Kleinigkeiten fielen mir plötzlich ein und nahmen schreckliche, indizienhafte Formen an, die meine schlimmsten Befürchtungen zu bestätigen schienen.

Nach dem Abendessen im Hotel hatte sie mir mit der Bemerkung, daß Rauchen in Maßen nicht schädlich sei, eine Zigarette angeboten, was kaum im Interesse ihres Kindes sein konnte. Und dann dieses plötzliche Erschrecken vor den Bewegungen in meinem Bauch. War diese Reaktion nur der gerade noch unterdrückte Skrupel einer vermeintlichen »Leihmutteragentin«?

Meine eigene Äußerung, mit der ich die Abbildung eines stinkreichen älteren amerikanischen Ehepaares im *Stern* kommentiert hatte, fiel mir wieder ein:

»Solchen Leuten würde ich um alles in der Welt kein Kind anvertrauen.« Ahnte vielleicht auch Geller, daß viele potentielle »Leihmütter« ebenso denken könnten wie ich?

Vielleicht hatte er deshalb die sympathische, charmante Sarah als »Ausstellwunschmutter«, gewissermaßen als »Lockvogel«, engagiert?

Wie war das noch mit der von CEFER so vielgepriesenen Anonymität? Noch einmal las ich die betreffende Stelle in der CEFER-Broschüre (Seite 7): Anonymität und Transparenz.

In Übereinstimmung mit der durch CEFER entwickelten Ethik für die Samenspenden, befindet (der CEFER angegliederte) ›Verein der Mütter im Auftrag‹, daß die Besamung ein vertraulicher Akt bleiben muß, wobei die Anonymität des Auftraggeberpaares ebenso garantiert wird wie die der ›Mutter im Auftrag‹.
Diese Respektierung der Anonymität wird durch einen Code gewährleistet, dessen Schlüssel in Händen des Vereins verbleibt.«
Unter Transparenz versteht CEFER, daß die Auftraggebereltern permanent über den Finanzierungsplan während der Schwangerschaft informiert würden. Transparenz für die »Leihmutter« ist nicht vorgesehen.
Die Abschnitte »Anonymität und Transparenz« in Verbindung mit dem Absatz über »Baby-Transfer« offenbaren geradezu Wahnsinnsvisionen:
»4. Die Übergabe (des Babys) findet in der Klinik, in der entbunden wurde, in Anwesenheit eines Repräsentanten der ›Association‹ (CEFER) und eines Notars statt, die bestätigen, daß dieses Kind dasjenige ist, welches die ›Leihmutter‹ geboren hat.«
War Sarah vielleicht sogar die bei der »Baby-Übergabe« anwesende CEFER-Repräsentantin? Und wenn das so wäre, wieviele unwissende »Leihmütter« hatten »ihre« Babys in gutem Glauben dieser vermeintlichen Auftraggebermutter anvertraut?
War das der Weg, wie CEFER — durch ein solches Doppelspiel — die Anonymität garantierte?
Existierte ein Ehemann namens Roger Duval überhaupt?
Das waren Fragen, die mich fast verrückt machten. Lutz hatte echte Mühe, mich halbwegs zu beruhigen.
»Ruf' sie doch erstmal an, bevor du dich in einen Alptraum hineinsteigerst!« riet er, während er mich fest an sich drückte.
Über Sarahs wahre Identität hegte ich kaum Zweifel, denn ich hatte sie bereits mehrfach an ihrem Arbeitsplatz angerufen. (Die Echtheit ihrer Arbeitsstelle war erwiesen; aus Gründen

der Diskretion verzichte ich darauf, hier die Beweise zu nennen.)

Nachdem ich gemeinsam mit Lutz eine erste Strategie ausgeheckt hatte, wählte ich mit zitternden, schweißnassen Fingern Sarahs Telefonnummer. In der Hoffnung, meine grauenhaften Befürchtungen würden sich noch am selben Abend in nichts auflösen, gab ich als Vorwand für meinen Anruf an, das Geld für den Flug nach Nizza im voraus zu benötigen.

Als Vorsichtsmaßnahme für den Fall, daß ich in Deutschland entbinden müsse, forderte ich von ihr eine beglaubigte Fotokopie ihrer Heiratsurkunde, damit es keine Schwierigkeiten mit dem Vormundschaftsgericht gäbe. Ein wenig zögernd versprach Sarah, meine Bitten zu erfüllen. So nebenbei, ohne ihr eine Begründung zu liefern, fragte ich sie außerdem nach der Postanschrift der *Ferme*, die sie mir jedoch nicht nennen konnte.

»Außerhalb des Dorfes gibt es keine Hausnummern und die *Ferme* trägt einen ziemlich langen und komplizierten Eigennamen; ich werde dir die Adresse zusammen mit den Unterlagen zuschicken. Roger meint, daß es ohnehin besser wäre, wenn du erstmal in ein Hotel gingest; das Haus ist ziemlich spartanisch eingerichtet.«

»Ich hasse Hotels; für ein paar Tage ist das zu ertragen, aber für länger — nein danke!«

»Du klingst so gereizt und bedrückt; ist alles in Ordnung?« fragte sie besorgt.

»Ja, *deinem* Kind geht es ausgezeichnet; mir selbst, den Umständen entsprechend, beschissen. Die Rückenschmerzen sind kaum noch zu ertragen«, begründete ich meine miese Stimmung, wobei ich mühsam das Zittern in meiner Stimme unterdrückte.

Ohne daß eine von uns beiden das Inserat zur Sprache gebracht hatte, wünschten wir uns gegenseitig einen schönen Abend. Das Telefongespräch hatte meine Unsicherheit und Beunruhigung keineswegs zerstreut. Warum konnte sie mir die Anschrift der *Ferme* nicht angeben, obwohl sie dort früher auch über längere Zeit gewohnt hatte?

Fieberhaft überlegte ich, wie ich hinter die Umstände des zweiten Inserats kommen könnte, ohne Sarah dabei vorzuwarnen, falls sie tatsächlich eine »Leihmutteragentin« sein sollte. Ich beschloß, Lena um Hilfe zu bitten. Sie sollte sich zum Schein, quasi als »Lockvogel«, auf das Inserat bewerben. Doch am Telefon erfuhr ich von einer ihrer Mitbewohnerinnen, daß Lena im Krankenhaus sei und erst in zwei bis drei Tagen zurückerwartet werde. Resigniert hängte ich ein.

Die Vorstellung, das kleine Menschlein, das in mir heranwuchs, in völlig unbekannte, völlig fremde Hände geben zu müssen, ließ mich schaudern; einen Augenblick lang wünschte ich mir zu sterben.

Doch fast im selben Augenblick überkam mich die Reue: Du armes kleines Ding; du kannst ja nichts dafür, sagte meine innere Stimme zu dem Ungeborenen, und ich konnte meine Tränen nicht mehr zurückhalten. Lutz, der ruhig neben mir schlief, bekam nichts davon mit, noch nie hatte er mich weinen sehen.

Nachdem ich mich einigermaßen wieder in der Gewalt hatte, überlegte ich, was zu tun wäre, falls es zum Schlimmsten kommen sollte. Ich entschloß mich, das Kind gegebenenfalls in Berlin zur Adoption freizugeben, damit es doch noch ein »Wunschkind« würde.

Was würde dann aus der Abmachung zwischen Sarah und mir? Hätte ich ein Recht auf Schmerzensgeld oder Entschädigung gegenüber CEFER?

Ich hatte keinen Vertrag; der einzige Beweis war der Briefwechsel mit Sarah.

Würde ich jemals erfahren, wer der biologische Vater ist? »Der Schlüssel zu dem Geheimnis wird in den Händen von CEFER verwahrt.«

Um den Alptraum auf die Spitze zu treiben, malte ich mir aus, die Vaterschaft sei überhaupt nicht feststellbar, weil die Sper-

mien einem bunten »Cocktail« verschiedener Spender entstammten. Was dann? Hintergangen auf der ganzen Linie.
Um mir endlich Klarheit über den bürokratischen Ablauf nach der Geburt zu verschaffen, schlich ich mich nach drei schlaflos verbrachten Nächten mit total zerbissenen blutigen Fingern — der Preis für halbwegs unterdrückte Nikotinsucht — zur Berliner Adoptionsvermittlungsstelle.

Die Ratsuche

Zunächst schien es, als ob die Adoptionsvermittlungsstelle verwaist wäre; die Flure und die teilweise offenstehenden Büros waren menschenleer, obwohl ich zur normalen Sprechzeit erschienen war.
Ich folgte dem Geräusch einer entfernt klappernden Schreibmaschine und fand einen Mann mittleren Alters, dem ich in kurzen Worten mein Anliegen erzählte, worauf er mich nach einem internen Telefonat zu einer netten älteren Dame führte und mich mit ihr allein ließ.
In Kurzfassung schilderte ich meine soziale Misere, bevor ich mich zum eigentlichen Punkt vortastete:
»Das Kind, das ich erwarte, ist eher das Ergebnis eines Abenteuers als das einer tieferen Liebesbeziehung. Der Vater ist Franzose und in Frankreich glücklich verheiratet. Seine Frau kann keine Kinder bekommen, obwohl sie sich beide seit Jahren eines wünschen. Deshalb habe ich mich dazu entschlossen, das Kind auszutragen, da beide Ehepartner es haben wollen. Die Frau hat ihrem Mann den kleinen Seitensprung längst verziehen.«
Allerdings bestünden noch Unklarheiten, was den praktischen Ablauf nach der Geburt beträfe, weshalb wir schon juristischen Rat eingeholt hätten. Während die sympathische Dame das Gutachten der Rechtsanwältin las, schüttelte sie mehrfach den Kopf.
»Wo hat sie denn diesen Quatsch abgeschrieben?« entfuhr es ihr. »Dieses Gutachten können Sie getrost vergessen; die deutschen Behörden haben überhaupt nichts mit dem Adoptionsverfahren zu tun. Das ist einzig und allein die Angelegenheit der französischen Stellen.«
Wenn den Leuten in Frankreich wirklich so sehr an dem Kind gelegen sei, sollten sie sich schleunigst um die dortigen Forma-

litäten kümmern. Ob der Vater das Kind behalten könne, hinge von der Entscheidung der französischen Jugendbehörde ab; hierzulande bräuchte der biologische Vater sein Kind nicht zu adoptieren, sondern könne es in diesem Falle nachträglich für ehelich erklären lassen, wozu es der Einwilligung der leiblichen Mutter bedürfe.
»Was ist, wenn mir etwas zustoßen sollte, und ich den Vater nicht mehr angeben kann?« wollte ich wissen.
»Sie können von ihm eine notariell beglaubigte Vaterschaftserklärung noch vor der Geburt verlangen. Aber was machen Sie, wenn er es sich anders überlegen sollte?«
Ich schluckte. »Dann müßte ich es schweren Herzens unbekannten Menschen anvertrauen; ich will nicht, daß es in ein Heim kommt.«
»Da brauchen Sie keine Angst zu haben. Wenn Sie Ihre Einwilligung zur Adoption gegeben haben, kann es sofort neue Eltern bekommen. Wir haben hier Wartelisten mit Hunderten von Ehepaaren, denen wir kaum Hoffnung machen können.«
»Frauen, die ihre Kinder weggeben, gelten nach gängiger Moralvorstellung immer noch als herzlose ›Rabenmütter‹, obwohl sie ihre Entscheidung zum Wohle des Kindes treffen. Die fristgerechte Abtreibung unerwünschten Kindersegens ist der bequemere und unauffälligere Weg. Ich glaube, daß die meisten Frauen, die ihr Kind freigeben, aus Angst vor gesellschaftlicher Ächtung erzählen, es sei bei der Geburt gestorben.«
Die Frau von der Adoptionsvermittlungsstelle bestätigte meine Vermutungen. Auch ich würde das Kind für tot erklären, wenn ich nach seinem Verbleib gefragt würde.
»Selbst wenn ich unter der Trennung von dem Kind leiden sollte; ich habe keine andere Wahl. Der Unterhaltsanspruch, den ich dem leiblichen Vater gegenüber hätte, würde nicht ausreichen, um menschenwürdig existieren zu können . . .«
»Und Sie würden sich selbst, ihre Tochter, das Kind, das Sie jetzt erwarten und das französische Ehepaar nur ins Unglück stürzen; Sie würden beide Kinder mit sich ins Elend ziehen.

Ihre jetzige Lebenssituation ist ohnehin schwierig genug. Haben Sie eigentlich mit dem Vater des Kindes schon einmal darüber gesprochen, ob er Sie nicht finanziell ein wenig unterstützen kann, denn immerhin nehmen Sie ja auch seinetwegen einiges auf sich?«
Der Vorschlag amüsierte mich insgeheim; die gute Frau ahnte nicht, wie nahe sie damit an der Wahrheit war. Bei einem »Zufallsprodukt«, als das ich es dargestellt hatte, ist eine Aufwandsentschädigung moralisch durchaus vertretbar, folgerte ich daraus und überlegte, ob die nette alte Dame mich »Menschenhändlerin« schimpfen würde, wären ihr die wahren Umstände, die zur Entstehung des Kindes geführt haben, bekannt.
Am übernächsten Tag forderte ich die von der Adoptionsvermittlungsstellenfrau genannten Unterlagen schriftlich an, wobei ich Sarah um Rücksendung innerhalb von vierzehn Tagen bat, da sich ansonsten meine Anreise nach Frankreich verzögern würde und zu einem späteren Zeitpunkt vielleicht nicht mehr möglich wäre. In dem als Eilpost aufgegebenen Brief erwähnte ich auch, daß das Gutachten in Bezug auf die Einwilligung des deutschen Vormundschaftsgerichts irrte und Sarah sich außerdem erkundigen solle, ob in Frankreich die Möglichkeit einer Ehelichkeitserklärung des Kindes existiere.
In der Befürchtung, mein Schreiben würde zu lange unterwegs sein, rief ich Sarah zwei Tage später an, um sie über den neuesten Stand zu unterrichten. Sie wandte ein, daß die Erklärung der Vaterschaft eine ziemlich aufwendige und teure Prozedur sei.
»Es ist doch auch in deinem Interesse. Stell dir vor, ich hätte einen Unfall und könnte den Vater nicht mehr angeben«, argumentierte ich.
Als sie immer noch zögernd erklärte, sie müsse das erst mit ihrem Mann besprechen, sagte ich ihr, daß ich ohne dieses Dokument in Berlin entbinden würde. Daraufhin versprach sie, sich so schnell wie möglich darum zu kümmern, wobei sie durchblicken ließ, daß Roger weiterhin die anonyme Entbin-

dung unter »X« bevorzuge. Wieder erwähnte Sarah die andere »Leihmutter« aus dem Elsaß, die nun schon in Marseille sei und von ihr schon mehrfach besucht worden wäre.

Nach meiner gereizten Stimmung befragt, gab ich ihr die gleichen Begründungen wie bei unserem letzten Telefonat.

Am nächsten Tag fuhr ich zu Lena, die inzwischen wieder zu Hause war. Ohne Umschweife erklärte sie sich sofort bereit, den von mir schon vorbereiteten »Bewerbungsbrief« abzuschreiben, den ich umgehend selbst in den Briefkasten warf.

Aber auch sie vermutete, genau wie Lutz, daß Geller der Anstifter des mysteriösen Inserats sei. Trotzdem drehten sich immer noch dieselben Gedanken in meinem Kopf, und ich begann darüber nachzudenken, wie ich mir die Aufwandsentschädigung sichern konnte; eine Woche nach Anforderung der Dokumente schrieb ich erneut nach Frankreich.

Liebe Sarah!

Es wird Dich nicht wundern, daß auch ich mich durch das Herannahen der Geburt ausführlich mit dem »Danach« beschäftige.

Wie Du weißt, habe ich außer Gellers Reklamebroschüre, die mit keinem Wort die Risiken der Leihmutterschaft erwähnt, keinen schriftlichen Vertrag.

Wie ich unserem letzten Telefonat entnehmen konnte, würden Du und Dein Mann weiterhin die von Geller vorgeschlagene anonyme Entbindung bevorzugen.

Ich habe lange das Für und Wider abgewogen und bin nun zu folgendem Entschluß gekommen:

Da »Madame X« keinerlei Einfluß auf das Geschehen hat, aber allein das Risiko trägt, findet auch mein Mann, daß wir mit diesem Verfahren keine Sicherheit haben. Du darfst nicht vergessen, daß ich auch die Verantwortung meiner Tochter gegenüber habe. Ich muß sicher sein, daß sie versorgt ist, falls mir etwas zustoßen sollte. (Es sterben immer noch mehr

Frauen an den Folgen einer Niederkunft als an Abtreibungen!)
Bisher war die Beziehung zwischen uns von gegenseitigem Vertrauen bestimmt. Ich möchte nichts lieber, als daß es so bleibt. Die zwischen uns getroffene Vereinbarung über 30 000,— DM Aufwandsentschädigung für das Austragen der Schwangerschaft sollte ursprünglich von meiner Einwilligung zur Freigabe des Kindes abhängen.
Bei dem Verfahren nach »Madame X« ist meine Einwilligung zur Adoptions- bzw. Ehelichkeitserklärung nicht erforderlich. Mein Auftrag ist allerdings schon jetzt erfüllt; ich bin momentan in der 33. Schwangerschaftswoche; das Kind hätte eine über neunzigprozentige Überlebenschance, wenn es jetzt geboren würde. Dir waren meine Bedenken gegen den von Geller vorgeschlagenen Weg von Anfang an bekannt. Die rechtliche Situation ist für mich nach wie vor völlig unklar, zudem in meinem Fall noch kompliziert, weil ich Ausländerin bin. Du und Dein Mann hatten in Betracht gezogen, eventuell einen Kredit aufzunehmen, falls dies nicht zu umgehen sei. Dieser Fall ist nun eingetreten. Mein Vorschlag lautet:
Ich überlasse die gesamte bürokratische Abwicklung Euch und erkläre mich auch bereit, falls gewünscht, anonym in Frankreich zu entbinden; unter *einer* Bedingung: Die Aufwandsentschädigung in Höhe von 30 000,— DM muß bis *spätestens* (Datum) auf meinem Konto eingegangen sein, also drei Wochen vor der Niederkunft. Überweisung bitte an:
Bank . . ., BLZ . . ., Konto Nr. . . .
Verwendungszweck: Aufwandsentschädigung.
Tut mir leid, daß es keinen anderen Weg gibt, aber vielleicht verstehst Du meinen Entschluß besser, wenn Du Dich einmal intensiv in meine Lage versetzt.
Ein generelles Restrisiko, das alle werdenden Eltern mit uns teilen, kann uns leider niemand abnehmen. Ich sehe nur nicht ein, warum ich es allein tragen soll. Bis jetzt geht es dem Baby ausgezeichnet; es ist gut genährt (nach der Ultraschalluntersu-

chung zu schließen), strampelt lebhaft, und auch die Kindslage ist nun »comme il faut«.
Mein größter Wunsch ist, daß dieses Menschlein, das auf so ungewöhnliche Weise entstanden ist, in Geborgenheit und Liebe aufwächst.
Ich selbst bin weder psychisch noch materiell in der Lage, für ein zweites Kind zu sorgen. Bedenken, die in diese Richtung gehen, sind nach wie vor völlig abwegig.
Diese Schwangerschaft ist auch nicht zuletzt eine enorme Belastung für die Beziehung zu dem Mann, den ich liebe; ein weiteres Kind würde sie unweigerlich zerstören.
Ich hoffe, daß auch Dein Mann langsam »die andere Seite« versteht.
Wir müssen Vertrauen zueinander haben.

In guter Hoffnung, alles Liebe
Felicitas

Mein Sinneswandel, nun doch unter »X« zu entbinden, war nur ein Vorwand; ich dachte nicht daran, mein Versprechen einzulösen, falls sich dieses Verfahren als illegal herausstellen sollte. Wenige Tage später erhielt ich per Postanweisung das Reisegeld, tags darauf einen Brief von Sarah:

Liebe Felicitas,

anbei vorerst die vom Bürgermeisteramt in (Ort) beglaubigte Fotokopie des Stammbuches mit unseren Daten und Eheschließung. Die notarielle Anerkennung der Vaterschaft ist in Vorbereitung. Ich hoffe, daß ich diesen Freitag noch einen Termin beim Notar bekomme.
Trotz Betonung der Dringlichkeit geht es nicht schneller. Natürlich schicke ich sie Dir sofort zu, wenn sie fertig ist. Das Geld für die Reise ist überwiesen; Du müßtest es Ende der Woche bekommen.
Im Moment ist das Wetter sehr schön hier. Die Strahleneinwirkungen haben zu keinerlei Vorsichtsmaßnahmen geführt;

offiziell war die Strahlenintensität in der ersten Maiwoche 400mal höher als sonst. Es gibt weder Panikreaktionen noch veränderte Eßgewohnheiten. Wenn ich mich nicht über die deutsche Presse informieren würde, würde ich wie vorher weiterleben. Mit einem Kind mache ich mir natürlich mehr Gedanken, aber ich bin nach wie vor optimistisch.
Ich freue mich darauf, und nichts hat sich geändert. Durch das Wegfallen des Einverständnisses durch das Vormundschaftsgericht sind wir unserem Ziel, so »natürlich« wie möglich Eltern zu werden, wieder nähergekommen.
Hoffentlich bist Du nicht zu sehr der »No-Future-Stimmung« in Deutschland verfallen. Ich kann Dir nur sagen, daß sich das hier sofort ändern wird, wenn Du einmal da bist.
Alles strahlt nach einem positiven »Hier und Jetzt«-Lebensgefühl, und ich hoffe, Du wirst auch davon angesteckt. Komm' so bald wie möglich!

Alles Liebe
Sarah

Trotz allmählicher Entwarnung konnte ich mich immer noch nicht gänzlich beruhigen, so daß Lutz mir riet, nun doch meinen angestammten Rechtsanwalt aufzusuchen, um die noch ausstehenden Unklarheiten zu beseitigen und gegebenenfalls eine fachkundliche »Kampfstrategie« auszuhecken. Denn ich mochte noch nicht so recht daran glauben, daß ich wirklich die einzige Frau gewesen sein sollte, die Sarahs (ersten?) Hilferuf, beantwortet hatte.
Da Henning Spangenberg, den ich mit vertrautem Du anrede, ein vielbeschäftigter Mensch ist, mußte ich mich noch eine weitere bange Woche gedulden, bis ich endlich mit ihm reden konnte.
Mit schlechtem Gewissen kettenrauchend — es war die einzige Möglichkeit, einen Heulkrampf zu verhindern —, erzählte ich ihm die ganze Geschichte, die ich mit allen zur Verfügung stehenden Unterlagen belegte.

Meine Idee, ebenfalls eine Anzeige aufzugeben, um so nach möglichen Leidensgenossinnen zu fahnden, fand er nicht so gut; ich würde Sarah damit nur vorwarnen, denn es sei nicht auszuschließen, daß sie dasselbe Stadtmagazin auch in Frankreich bezöge, obwohl er, von unserem Briefwechsel ausgehend, nicht glauben könne, daß sie nur eine »Leihmutteragentin« sei. Vielmehr nahm auch er an, daß sie nur von Geller mißbraucht werde.
Auch konnte er sich nicht so recht vorstellen, daß das von CEFER vorgeschlagene Verfahren einer anonymen Entbindung völlig illegal sei, denn sonst würde Geller kaum wagen, es in seiner öffentlichen Broschüre derartig herauszustellen.
»Ich kann mich ja auch noch einmal ins französische Recht einarbeiten und nach dieser ›Spezialität‹ forschen, denn das interessiert mich selber!« bot er unentgeltlich an.
Das Gutachten seiner jungen Kollegin stufte er ebenso ein wie die Frau von der Adoptionsvermittlungsstelle.
»Was für einen Anspruch kann ich geltend machen, wenn sich meine schlimmsten Befürchtungen doch bestätigen sollten«, wollte ich von Henning wissen.
»Wir könnten einen Schadensersatzanspruch gegen CEFER und/oder den Zeuger des Kindes geltend machen, allerdings ist es fraglich, inwiefern die Herbeiführung einer Schwangerschaft als Körperverletzung gewertet werden kann. Mehr als die Schritte, die du bisher unternommen hast, kannst du im Augenblick nicht tun. Soweit ich das beurteilen kann, ist die Heiratsurkunde echt.
Ich würde erst einmal die noch ausstehende Vaterschaftsanerkennung und die Antwort auf die Bewerbung deiner Freundin abwarten«, riet er mir abschließend.
Obwohl Sarahs Brief außer der Heiratsurkunde auch die genaue Anschrift der *Ferme* beilag — tatsächlich ein komplizierter Eigenname —, blieb ich weiterhin verunsichert.
Bei meiner letzten Kontrolluntersuchung hatte der Frauenarzt zudem eine Senkung der Gebärmutter, eine Verkürzung des

Gebärmutterhalses sowie eine leichte Öffnung des Muttermundes festgestellt, was eine weite Reise im Augenblick ausschloß, da die Lungen des Babys noch nicht voll entwickelt waren und es als Frühgeburt sofort in den Brutkasten müßte. Wenige Tage später rief Sarah als Reaktion auf meinen »Geldforderungsbrief« an.

Sie redete sich damit heraus, daß es Devisenausfuhrbeschränkungen gäbe, und sie daher einen solch hohen Betrag nicht überweisen könne, zumal sie zuerst noch einen Kredit beantragen müsse. Stattdessen schlug sie vor, mir die Aufwandsentschädigung sofort nach meiner Ankunft in Frankreich auszuhändigen, was ich zunächst widerwillig akzeptieren mußte. Mein Entschluß, nun doch anonym zu entbinden, schien sie jedoch sehr zu begeistern.

Wieder erzählte sie mir von der anderen »Leihmutter« und schwärmte von dem hochmodernen Krankenhaus, wo nun auch ich entbinden sollte. Ich stellte die unvermeidliche Frage, ob dieses Krankenhaus zu CEFER gehöre, was Sarah verneinte. Zwar räumte sie ein, daß die Gynäkologin, die bei der Geburt dabei sein würde, normalerweise auch andere »Leihmütter« entbinde, aber trotzdem eine selbständige »freie Ärztin« sei.

»Es ist wirklich eine gute Klinik, das Personal ist bemüht, den Patienten die Wünsche von den Augen abzulesen . . .«, versuchte sie mein Mißtrauen zu zerstreuen.

»Ich will gar nicht soviele Menschen dabei haben; wir haben darüber doch schon gesprochen«, knurrte ich böse. Die Frage nach meiner gereizten Stimmung beantwortete ich wie üblich. Am nächsten Tag zog ich genaue Erkundigungen über die Devisenausfuhrbeschränkungen zwischen Frankreich und der BRD ein. Umgehend unterrichtete ich Sarah telefonisch, was ich auf der Bank herausgefunden hatte:

»Überweisungen über das festgeschriebene Limit hinaus sind durchaus üblich, nur müssen diese über die Nationalbank abgewickelt werden und eine Zahlungsbegründung enthalten.«

Als sie immer noch zögerte, drohte ich, andernfalls in Berlin zu entbinden. Diesmal war es Sarah, die sich widerwillig meiner Erpressung zu beugen hatte. Es tat mir leid, daß unsere ehemals so warme, herzliche Beziehung derartig abgekühlt war, und ich sie so unter Druck setzen mußte, um meine eigenen Interessen zu schützen. Immer noch hoffte ich bei jedem Gespräch, daß sie von sich aus auf das zweite Inserat zu sprechen käme.

Das Mitleid mit ihr hielt nicht lange an. Wenn sie nur eine »Leihmutteragentin« sein sollte, so würde ich nicht eher ruhen, bis ich sie entlarvt hätte, schwor ich mir mit grimmigem Haß.

Erste Anzeichen einer Aufklärung

Am Tag darauf meldete sich Sarah wieder und kündigte an, das Geld werde nun in Schüben von je 7500,– DM vom Konto eines ihrer deutschen Freunde aus überwiesen. Sie drängte mich, schon jetzt, fünf Wochen vor der Entbindung zu kommen, was ich mit Hinweis auf das Ergebnis der letzten Kontrolluntersuchung ablehnte.

Es war für mich unbegreiflich, daß sie mich aufforderte, umgehend den Zug nach Frankreich zu nehmen, was ich entrüstet — wegen des noch größeren Risikos — erst recht entschieden zurückwies.

Erschüttert über soviel Unverständnis, fragte ich mich, ob sie sich überhaupt vorstellen konnte, wie eine schwangere Frau fühlt. Sie will es sich nicht vorstellen, entschied ich. Nachdem sie wieder von der Entbindungsklinik geschwärmt hatte, erkundigte sie sich nach dem Gesundheitszustand *ihres* Kindes. »Bei der Annahme eines Kindes durch einen biologischen Elternteil braucht hier nicht extra eine behördliche Genehmigung vorzuliegen«, klärte sie mich auf; die Vaterschaftsanerkennung sei unterwegs, und ich müßte sie im Laufe der Woche erhalten.

Tatsächlich erhielt ich die Vaterschaftsanerkennung wie angekündigt. Die ersehnte Antwort auf Lenas »Leihmutterbewerbung« stand aber immer noch aus.

Gut drei Wochen vor dem errechneten Geburtstermin gab der Frauenarzt seine Zustimmung zu einer Flugreise.

Die Aufwandsentschädigung hatte ich auch inzwischen zur Hälfte erhalten, den Rest sollte ich umgehend nach meiner Ankunft in Frankreich bekommen. Das war die Kompromißlösung, der ich mich doch noch fügen mußte.

Noch einmal holte ich Henning Spangenbergs juristischen Rat ein. Seine Recherchen im französischen Recht hatten keinen

Hinweis auf »Madame X« ergeben. Er mutmaßte, daß dieses Verfahren ein Verstoß gegen das Adoptionsrecht sei. Er konnte sich nur vorstellen, daß die Ärztin eine falsche Geburtsurkunde ausstellte, welche Sarah als leibliche Mutter ausweisen würde. Wenn ich mich dazu entschließen sollte, das Spiel mitzumachen, würde ich allerdings nicht strafrechtlich verfolgt, nur die Ärztin und die Auftraggebereltern könnten dafür belangt werden, erklärte er.
»Auf jeden Fall solltest du unter deinem richtigen Namen und möglichst auch mit deinen eigenen Krankenversicherungspapieren in die Klinik gehen, damit du nicht völlig entrechtet bist und eine Handhabe hast, falls ärztliche Kunstfehler unterlaufen sollten«, riet er.
Drei Tage vor dem geplanten Flugtermin erhielt ich endlich Post von Lena. Mit liebem Gruß und Kuß für »meinen geschundenen Frauenbauch« hatte sie die Antwort auf ihre »Bewerbung« beigefügt:

Sehr geehrte Frau . . .
Leider kann ich Ihnen erst heute für Ihren Brief danken.
Ihr Schreiben ging an eine Kontaktperson, von dieser bekam ich erst heute Ihre Zeilen, die ich gleich beantworten will.
Wir versuchen seit vielen Jahren mit Hilfe von Ärzten, ein Kind zu bekommen, leider vergeblich.
Mir wurde 1976 der rechte Eierstock samt Eileiter entfernt, dadurch vernarbte auch der linke, so daß auf natürlichem Wege eine Befruchtung nicht mehr möglich ist.
Auch eine künstliche Befruchtung wurde versucht, was aber auch nicht funktionierte.
Es bleibt uns also nur noch dieser Weg.
Ich hoffe, daß wir gegenseitige Sympathie und Vertrauen aufbringen, wie Sie schreiben.
Bitte schreiben Sie uns doch über sich und Ihr Leben.
Auch das Finanzielle muß genau festgelegt werden, falls wir uns alle dazu entscheiden, diesen Schritt zu tun.

Auch um Fotos bitte ich Sie, die sie natürlich wieder zurückbekommen.
Dann wäre es wohl am besten, wenn wir uns mal sehen, indem wir Ihnen die Unkosten natürlich erstatten für Flug und Unterkunft. Oder wie ist Ihr Vorschlag, wie es am besten weitergehen soll? Einen Arzt hätte ich auch schon, der uns hilft. Zu uns sei noch gesagt, daß mein Mann (...) von Beruf ist und ich zu Hause Hausfrau.
Unser Kind könnte es nicht schöner haben als bei uns, da ich ganz dafür da sein könnte.
Es grüßt sie vielmals
Ihre (...)

Dem Brief war ein Foto beigelegt, das die gute Hausfrau und ihren Ehemann in einer schmucken, rustikal eingerichteten Wohnstube zeigte. Ich war über alle Maßen erleichtert, daß es sich nicht um Sarah handelte. Für die Briefschreiberin hoffte ich, daß sie außer Lenas Bewerbung noch andere »seriöse« Angebote erhalten hat.
In letzter Minute buchte ich den Flug nach Nizza, und informierte Sarah unverzüglich über meine genaue Ankunftszeit.
Lutz war durch den Streß der letzten Zeit gründlich die Lust vergangen, mich nach Frankreich zu begleiten. Obwohl er dies nicht offen zugab, war es ihm jedoch deutlich anzusehen.
Ich wußte, er wollte nicht nein sagen, um mir nicht das Gefühl zu geben, mich im Stich zu lassen. Ohnehin hatte ich ihm gegenüber ein schlechtes Gewissen, denn ich war kaum noch fähig gewesen, ihm Liebe und Aufmerksamkeit zu schenken. Stattdessen hatte ich ihm mit meinen Problemen das Leben schwer gemacht.
Immer, wenn er mir mal wieder die Sorge um meine Tochter abnahm und nebenbei die Alltäglichkeiten unseres Haushalts erledigte, zu denen mir schon seit Monaten die Kraft fehlte, hatte ich mit leisen Schuldgefühlen betont, daß er nicht dazu verpflichtet sei.

»Wenn ich es nicht gerne machen würde, ließ ich es. Mach' dir keinen Kopf um mich!«
»Ich glaube, es ist besser, wenn ich allein fliege. Ich weiß, daß Aglaya bei dir im Augenblick besser aufgehoben ist. Auf der *Ferme* hätte sie keine Spielkameraden und würde uns nur noch zusätzlich nerven«, sagte ich ihm schweren Herzens.
Die Erleichterung über meine Entscheidung war deutlich spürbar. Dennoch schmerzte mich die Vorstellung, mich für drei unendlich lange Wochen von meinen herzallerliebsten Schätzen trennen zu müssen.
Ich log Aglaya vor, ich müsse ins Krankenhaus, wo ich wieder gesund würde. Daß etwas mit mir nicht in Ordnung war, hatte sie schon längst bemerkt. Ich hatte mich zu dieser Notlüge ihr gegenüber entschlossen, weil ich vermeiden wollte, daß das kleine Plappermaul mich verriet.

Der »Countdown« beginnt – die letzten zwanzig Tage vor der Entbindung

1. Tag

Es gab – entgegen Sarahs Befürchtungen – kein Problem mit der Fluggesellschaft; vorsichtshalber hatte ich mir trotzdem von meinem Frauenarzt eine Unbedenklichkeitsbescheinigung ausstellen lassen.
Schon bevor ich die Absperrung am Flughafen Nizza passiert hatte, konnte ich Sarah in der wartenden Menge ausmachen. Auch sie hatte mich sofort entdeckt. Der Blickkontakt riß nicht ab, bis wir uns mit gegenseitigen Wangenküssen herzlich begrüßten. Trotzdem nahm ich deutlich eine Distanz zwischen uns wahr.
»Ich dachte, du seist viel dicker«, bemerkte sie überrascht. Sarah hatte deutlich einige Pfunde zugelegt, obgleich sie noch weit davon entfernt war, dick zu sein.
»In der Schwangerschaft mit Aglaya habe ich genauso ausgesehen. Aber sie war über sechs Pfund schwer, ein ganz normales Baby also. Und *dein* Kind wird noch größer und kräftiger, da ich mich ganz schön eingezwängt fühle und mir manchmal die Luft zum Atmen fehlt.«
Insgeheim wünschte ich mir, *ihr* Kind so bald wie möglich loszuwerden.
»Weißt du, daß ich drauf und dran war, selbst nach Berlin zu kommen? Als du die Unterlagen und das Geld angefordert hast, dachte ich, es wäre etwas schiefgegangen und du hättest eine Fehl- oder Totgeburt gehabt.«
Selbst wenn, dachte ich, hätte ich zumindest Anspruch auf einen Teil der Aufwandsentschädigung gehabt.
»Ich habe mir schlimme Sorgen gemacht; wenn Roger mich nicht davon abgehalten hätte, wäre ich sofort zu dir gekom-

men.« Der tadelnde Vorwurf in ihrer Stimme war nicht zu überhören.

»Wie du siehst, hast du dich umsonst aufgeregt«, sagte ich, nicht ohne ein Gefühl der Genugtuung, daß es auch Sarah in letzter Zeit ebenso ergangen war wie mir. Den Rest der Aufwandsentschädigung hatte sie natürlich nicht dabei, obwohl wir das fest vereinbart hatten.

»Wozu willst du soviel Geld mit dir herumschleppen? Jetzt brauchst du es ja sowieso nicht. Ich überweise den Rest sofort nach der Geburt des Kindes«, versprach sie. Es blieb mir nichts anderes übrig, als ihren Vorschlag zähneknirschend zu akzeptieren.

»Was hast du denn da drin?« rief sie erstaunt, als sie mir mein Handgepäck, einen kleinen Rucksack, abnahm.

»Schreibzeug, ein paar Malsachen und Bücher.«

»Bücher!! Das ist typisch deutsch«, lästerte sie. Sie wollte mich absichtlich kränken. Obendrein war mir aufgefallen, daß sie alles, was ihr negativ erschien, als typisch deutsch bezeichnete. Um des lieben Friedens willen, verkniff ich mir eine Antwort auf diese Provokation.

Während der fast zweistündigen Autofahrt zur *Ferme* sprachen wir über allerlei Belanglosigkeiten. Als ich nochmal meine Sorgen um Aglaya wegen des sowjetischen Reaktorunfalls erwähnte, bekam ich wieder einen kleinen Seitenhieb:

»Du hast wirklich einen typisch deutschen Hang zum Drama!«

Als wir durch das Dorf fuhren, in dem sie wohnte, zeigte sie mir das Haus des Arztes; im Notfall könne ich auch dort entbinden, wobei ich ihm natürlich nichts über meine besondere Situation erzählen dürfe.

»Er ist zwar ganz nett, aber doch ein wenig konservativ. Hast du dir das Haus gemerkt?« fragte sie mit Nachdruck.

»Ja«, log ich; denn es kam für mich ohnehin nicht in Frage, bei einem wildfremden Menschen zu entbinden, den ich zuvor noch nie gesehen habe.

Anschließend ließ es sich Sarah nicht nehmen, am Haus der Hebamme vorbeizufahren. Die Hebamme sei eingeweiht und werde auch die Wochenbettkontrolluntersuchungen übernehmen, falls ich, wie gewünscht, die Klinik sofort nach der Geburt wieder verlassen wolle.

»Da Lutz nicht mitgekommen ist, ist es besser, wenn ich im Krankenhaus bleibe, bis ich einigermaßen wieder auf dem Damm bin.«

Am Schluß der Dorfrundfahrt erfuhr ich auch, wo Roger und sie zu Hause waren. Dann folgte noch eine zweite Rundfahrt, während der sie ebensowenig anhielt wie bei der ersten.

Ich hatte mir nur Sarahs Haus gemerkt. Ich sah das Dorf, ohne es wirklich wahrzunehmen; meine Gedanken flogen schon jetzt in sehnsuchtsvollem Schmerz zu Lutz und Aglaya.

Die *Ferme* lag gut einen Kilometer vom Dorf entfernt, abseits der Landstraße, wildromantisch von einem Pinienwäldchen und Weinfeldern umgeben. Sarahs Hund lag an einer langen Kette und lief uns bellend und schwanzwedelnd entgegen.

»Ich lasse ihn zu deiner Sicherheit hier. Manchmal treiben sich merkwürdige Leute in dieser Gegend herum«, erklärte sie, während sie ausstieg, um das große Tier festzuhalten. Nachdem mich der Hund ausgiebig beschnüffelt hatte, wurde er zu Sarahs Erstaunen sehr schnell zutraulich. Normalerweise sei er ziemlich mißtrauisch und angriffslustig. Es tat gut zu wissen, daß ich von ungebetenen Besuchen verschont bliebe.

Zu meiner Enttäuschung hatte Sarah kein Telefon legen lassen, ebenso vermißte ich das versprochene Fahrrad.

»Ich nahm an, es sei für Lutz gedacht gewesen«, verteidigte sie sich. »Roger hat nur ein Rennrad; ich glaube kaum, daß du damit klarkommst.«

»Das käme auf einen Versuch an. Wenn ich zu Fuß gehe, habe ich immer schon nach ein paar Metern das Gefühl, pinkeln zu müssen. Beim Fahrradfahren ist das nicht so schlimm«, begründete ich meine Forderung. Sie versprach, ein anderes Fahrrad zu besorgen.

Den »Umständen« entsprechend, besichtigte ich zuerst das stille Örtchen. Es war ein Plumpsklo, das ungefähr fünfzehn Meter vom Haus entfernt lag.

Das Innere der *Ferme* sah nicht so schön aus wie auf den Dias; alles Schmückende und sämtlicher Zierat fehlten. Außerdem war nur ein kleiner Teil des großen Gebäudes zugänglich, die meisten Räume waren verschlossen und einige sogar mit Brettern zugenagelt. Direkt hinter dem Eingang lag die Küche mit einer Duschecke.

»Es ist alles sauber und desinfiziert«, versicherte Sarah mit Blick auf den leicht staubigen Tonkachelboden. Sie murmelte noch irgendetwas über meinen typisch deutschen Hygienefimmel, obwohl ich mich mit keiner Silbe beschwert hatte. Ansonsten war die Küche mit allem Notwendigen ausgerüstet: Gasherd, Waschbecken mit Spüle, Kühlschrank, Eßtisch mit Stühlen sowie einem alten Geschirrschrank.

Neben der Küche befand sich ein kleiner, dielenähnlicher Durchgangsraum mit Kamin, den ich von den Dias her kannte; bis auf zwei alte, zerschlissene Sofas, die sich von Wand zu Wand gegenüberstanden, war der Raum leer.

»Dort werde ich schlafen«, sagte Sarah und wies auf eines der Sofas.

Von diesem Zimmer aus führte eine Treppe in das obere Stockwerk, wo sich zwei kleine, nebeneinandergelegene Kammern befanden. In einer hatte Sarah auf einem Stahlrohrrahmen das Bett für mich hergerichtet. Außer einem improvisierten Nachttisch war die Kammer leer; die Wandfarbe blätterte an einigen Stellen ab, aber das störte mich nicht. Am Kopfende des Bettes ließ ein kleines Fensterchen den Himmel sehen; eine der Scheiben im Fensterkreuz war zerbrochen und provisorisch mit einer Zeitschrift geflickt.

»Das hätte Roger reparieren sollen«, entschuldigte sie sich.

Die fensterlose, winzige Nachbarkammer, ursprünglich für Aglaya vorgesehen, war mit Kisten und Gerümpel vollgestapelt; ich war froh, daß sich Sarah meinetwegen keine großen

Umstände gemacht hatte, denn ich wollte sowieso die meiste Zeit draußen an der frischen Luft verbringen.
Während sie einen kleinen Imbiß zubereitete, probierte ich die Dusche aus. Doch zu meinem Ärger kam nur ein dünnes Rinnsal, der Duschschlauch hatte mehrere Löcher. Sarah schob die Schuld wieder auf ihren Mann und versprach, diesem mangelhaften Duschkomfort so bald wie möglich abzuhelfen.
Nach dem Essen unternahmen wir einen kleinen Spaziergang mit dem Hund, wobei sie mir, scheinbar unbeschwert plaudernd, die Umgebung zeigte. Trotzdem wollte sich unsere ursprüngliche Vertrautheit nicht so recht einstellen; es tat mir nun aufrichtig leid, daß ich sie derartig beunruhigt hatte.
Später am Abend fuhr sie noch einmal ins Dorf, um Roger meine glückliche Ankunft mitzuteilen. Müde und erschöpft ließ ich mich aufs Bett fallen. Es war warm im Zimmer, so daß ich nur mit einem Slip bekleidet war, als Sarah zurückkehrte. Ein wenig verlegen setzte sie sich auf den Rand des Bettes.
»Jetzt, wo du nackt bist, sieht dein Bauch doch ganz schön dick aus.«
»Darf ich?« fragte sie fast ehrfürchtig, bevor sie vorsichtig ihre Fingerspitzen auf meinen Leib legte.
»Du brauchst keine Angst zu haben, daß du dem Baby wehtust!« ermunterte ich sie, indem ich mit meiner Hand kräftig auf eine kleine Beule, vermutlich ein winziges Füßchen, drückte. Die »Beule« bewegte sich daraufhin deutlich sichtbar. Sarah lächelte ein wenig schüchtern und wünschte mir eine Gute Nacht; auch sie wirkte müde und erschöpft.

2. Tag

Am Morgen fuhr Sarah noch ein letztes Mal zu einer Besprechung in ihr Büro. Ich unternahm einen kleinen Spaziergang ins Dorf, wobei ich feststellen mußte, daß der einzige öffentliche Fernsprecher defekt war. Beim gemeinsamen Mittagessen auf der *Ferme* brachte ich kaum einen Bissen runter, ob-

wohl Sarah sich alle Mühe gegeben hatte. Ich war sauer, weil sie den neuen Schlauch für die Dusche vergessen hatte. Mit dem Fahrrad mußte ich mich auch noch gedulden, da ein Reifen platt sei und erst noch repariert werden müsse.
»Das kann ich selber machen, im Schläuche reparieren habe ich einige Übung«, drängte ich Sarah.
Am Nachmittag zogen Wolken auf, die von kurzen Regenschauern gefolgt, uns trotzdem nicht von einem kleinen Spaziergang abhalten konnten. Die feuchtwarme Luft duftete nach schwitzenden Pinien und überall reichlich wucherndem Rosmarin. Ich sog gierig die Luft bis in die äußersten Spitzen meiner Lungenflügel; ein grandioses, ungewohntes Gefühl.
Nachdem wir eine Weile still genießend nebeneinander gegangen waren, erzählte Sarah von der anderen »Leihmutter«, die leider schon wieder abgereist war. Sarah hatte sie einige Male im Hotel besucht, um von ihr detaillierte Informationen über das anonyme Entbindungsverfahren zu erhalten; allerdings ohne großen Erfolg, denn die arme Frau sei völlig fertig und genervt gewesen, weil sie bezweifelte, daß ihr Mann alleine mit ihren drei Kindern zurecht komme und die Geburt auf sich warten ließ. Als der errechnete Geburtstermin gekommen sei, habe sie auf einer künstlichen Einleitung der Wehen bestanden. Das sei auch versucht worden, aber fehlgeschlagen. Ihrem Wunsch, einen Kaiserschnitt vorzunehmen, sei allerdings nicht entsprochen worden, weil das Kind noch nicht gefährdet war. Eine Woche später sei das Kind nach nochmaliger Weheneinleitung endlich geboren worden, aber es sei durch die ganze Prozedur sehr mitgenommen und schwach gewesen, berichtete Sarah.
»Hat die Frau eigentlich die künftigen Eltern kennengelernt?«
»Ja. Sie hat wenige Tage vor der Entbindung darauf bestanden, und Dr. Geller hat ihrer Bitte entsprochen, weil sie sonst völlig durchgedreht wäre.« Außerdem habe sie das Baby noch einige Tage selbst versorgt und dabei die »Auftraggebermutter«, eine Italienerin, in Säuglingspflege angeleitet.

Durch das lange Zusammensein mit dem Kind habe die »Leihmutter« doch sehr gelitten, zumal es ein kleiner Junge war, den sie sich schon immer gewünscht hatte; Geller habe ihr zum Trost versprochen, ihr durch künstliche Besamung zu einem männlichen Nachkommen zu verhelfen.
»Hast du eine Ahnung, wie er das bewerkstelligen will?« fragte Sarah, ehrfürchtig staunend über soviel medizinisches Genie.
»Ich nehme an, er wird das Sperma des Ehemannes auszentrifugieren. Die weiblichen Spermien sind etwas schwerer als die männlichen; was Geller da anwenden will, ist ein ganz simples Verfahren, wobei die Erfolgschancen bei etwa neunzig Prozent liegen dürften«, antwortete ich geringschätzig.
»Frau (...) hat übrigens unter ›X‹ entbunden und nur fünfzigtausend Francs bekommen«, bemerkte Sarah mit vorwurfsvollem Unterton, so, als ob ich mir daran ein Beispiel nehmen sollte.
»Woher kennst du die Frau eigentlich?« Diese Frage hatte mich schon lange interessiert. Sie habe einmal an einer Fernsehdiskussion über »Leihmutterschaft« teilgenommen:
»Natürlich war ich inkognito mit Perücke und Sonnenbrille. Außer der Elsässerin waren auch noch eine Feministin und ein katholischer Kardinal mit von der Partie.« Eine lustige Mischung, dachte ich.
»Die Sendung hätte ich gerne gesehen.«
»Ich fand den Abend überhaupt nicht witzig. Von dem Kardinal habe ich sowieso nichts erwartet, aber daß die Feministin nicht einen Funken Verständnis für ungewollt kinderlose Frauen zeigte, hat mich doch ziemlich schockiert. Am schlimmsten war dieser dämliche Moderator, der mich überhaupt nicht zu Wort kommen ließ. Nach ein paar Gläsern Wein habe ich mir die Redefreiheit einfach genommen, aber das wurde bei der Ausstrahlung der Sendung wieder herausgeschnitten«, beschwerte sich Sarah.
Ich bewunderte ihren Mut, mit ihrem Anliegen an die Öffentlichkeit zu gehen.

»Na ja, es war auch in meinem eigenen Interesse«, wiegelte sie ab, »denn nach der Fernsehdiskussion hat sich prompt eine Frau gemeldet, die uns helfen wollte, übrigens dieselbe, die Roger und ich später abgelehnt haben; aber die Geschichte kennst du ja. Die Elsässerin war damals leider schon vergeben«, setzte sie bedauernd hinzu.

Nach dem Spaziergang fuhr sie in den frühen Abendstunden noch einmal ins Dorf, um mit Roger ein Stündchen in trauter Zweisamkeit zu verbringen. Als sie von ihrem kurzen Ausflug zurückkehrte, fiel ihr ein, daß sie die Schlaftabletten, ohne die sie keine Ruhe mehr finden konnte, zuhause liegengelassen hatte und wollte deswegen sofort wieder zurückfahren.

Durch Zufall hatte ich am Vortag ein fast volles Röhrchen K.O.-Pillen gefunden, das ich ihr gab.

Auch ich hatte Einschlafschwierigkeiten; ich mußte an die andere »Leihmutter« denken. Wie verzweifelt muß sie gewesen sein, wenn sie sogar einen Kaiserschnitt in Kauf genommen hätte, nur um es endlich hinter sich zu bringen? Wieviele Qualen und seelische Folter hatte die arme Frau allein und einsam in einem Hotelzimmer in Marseille durchleiden müssen?

Ich fand es nur zu verständlich, daß sie in fast letzter Minute auf das Kennenlernen der künftigen Eltern *ihres* Kindes bestanden hatte. Während ich diese Überlegungen anstellte, überkam mich wieder der blanke Haß auf Geller und Konsorten. Hatten diese hemmungslosen Geschäftemacher — Reproduktionstechnologen und Leihmutteragenten in einem — denn überhaupt kein Mitgefühl? Konnten sie sich nicht vorstellen, wie einer Frau zumute war, wenn sie ihr Kind, das sie monatelang in sich gespürt hat, in anonyme Hände geben mußte?

Ich bezweifelte auch, daß Sarah wirkliches Verständnis für die andere »Leihmutter« aufgebracht hat; denn ihr schien es bei ihren Besuchen hauptsächlich darum zu gehen, weitere Auskünfte über das Verfahren »Madame X« zu erhalten. Eine sachliche Diskussion über Geller und/oder CEFER war nicht möglich, denn sie sah in diesen skrupellosen Weißkitteln immer noch die selbstlosen Genies. Schmerzlich wurde mir bewußt, wie sehr ich ihre Solidarität vermißte, zumal ich meine »Leihmutterschaft« immer unter diesem Aspekt gesehen habe (und dies trotz allem auch heute noch so sehe).

3. Tag

Beim späten Frühstück wechselten wir nur ein paar unverfängliche Bemerkungen übers Wetter. Den ganzen Tag über gingen wir getrennten Beschäftigungen nach; während sich Sarah vor dem Haus beim Unkrautjäten austobte, genoß ich es, ungestört im Bett zu lesen.

Nach dem Abendessen saßen wir noch eine Weile zusammen, wobei sie in beiläufigem Plauderton auf das zweite (!) Inserat zu sprechen kam.

Bislang war zwischen uns noch kein Wort darüber gefallen. Wie sie schon damals bei ihrem Besuch in Berlin angedeutet hatte, war Geller nach und nach dazu übergegangen, ihr seine gesamte, umfangreiche deutsche Korrespondenz aufzuhalsen. Darin hatte sie eine Möglichkeit gesehen, die Kosten für seine (überteuerten?) Untersuchungen abzuarbeiten. Vielfach habe sie dabei Anfragen ungewollt kinderloser Paare sowie auch einzelner Frauen und Männer übersetzen müssen . . .

»Du glaubst ja gar nicht, was sich da für komische Leute bewerben; ein Ehepaar wollte unbedingt eine ›Leihmutter‹ mit Abitur haben. Ich frage mich, was die sich eigentlich einbilden; die können froh sein, wenn sie überhaupt eine bekommen. Und dann war da noch so ein merkwürdiger Kerl, dessen Brief mit den Worten ›meine Frau weiß nichts davon, daß ich mich an Sie wende‹ begann«, entrüstete sie sich halb lachend. »Oft aber habe ich mein eigenes Schicksal in den Briefen von Leidensgenossinnen wieder gefunden. Es tat mir leid, ihnen immer wieder dieselbe Antwort geben zu müssen: Wir können Ihnen im Augenblick leider nicht helfen, da wir keine geeigneten Bewerberinnen für eine ›Leihmutterschaft‹ haben. Dr. Geller machte mir dann irgendwann den Vorschlag, für andere

Frauen ebenfalls eine ›Leihmutter‹ zu suchen, da es bei mir selbst so ideal geklappt hätte. Obwohl ich irgendwie ein mieses Gefühl dabei hatte, habe ich mich von Dr. Geller dazu überreden lassen, für eine Frau, die eine ähnliche Geschichte wie ich durchgemacht hat, ein erneutes Inserat aufzugeben. Normalerweise nehmen die Zeitungen solche ›unsittlichen‹ Anzeigen gar nicht an. Ich konnte das nur, weil ich aus früheren Zeiten noch einige private Verbindungen habe. Jedenfalls hat sich auf mein zweites Inserat nur eine Frau, die wohl in einer Wohngemeinschaft lebt, gemeldet. Ich hoffe, vor allem für die unfruchtbare Frau, daß es klappt.«

Bis dahin war ich Sarahs Ausführungen schweigend gefolgt. Ob Geller sie dabei erpreßt hat oder sie einen eigenen lukrativen Vorteil aus diesem Unternehmen zog, konnte ich nicht herausbekommen. Wenn sich außer Lena doch bloß noch eine andere Frau gemeldet hätte, dachte ich. Aber so mußte ich Farbe bekennen, weil mir die Frau, die so unfreiwillig das Opfer meiner Mißtrauensaktion gewesen war, wirklich leid tat.

»Sarah«, begann ich vorsichtig zögernd, »ich fürchte, die Frau aus der WG kannst du vergessen; das ist eine Freundin von mir, die von mir dazu angestiftet worden ist, sich zu bewerben, weil ich herausfinden mußte, was es mit dem Inserat auf sich hat.«

»Ja aber«, Sarah rang um ihre Fassung, »du hättest mich doch einfach fragen können ...«

»Und wenn du nur eine ›Leihmutteragentin‹ gewesen wärst ...«

»Du bist ja total übergeschnappt ...«, fiel sie mir mit entgeistertem Gesicht ins Wort.

»Warum hast du mich eigentlich nicht über deine Schritte informiert? Du hättest dir doch denken können, daß ich das Inserat ebenfalls entdecke. Kannst du dir vorstellen, was ich für Alpträume ...«

»Weißt du eigentlich, was ich durch deinen Blödsinn mitgemacht habe? Roger hatte gleich vermutet, daß du die Anzeige gelesen hast, jetzt sollst du ihn kennenlernen!« Sie sagte das fast wie eine Drohung. Aber mir war es jetzt auch recht, die Bekanntschaft des Zeugers zu machen. Wir überhäuften uns noch mit schier endlosen Vorwürfen, wer von uns beiden das Mißtrauen in Gang gesetzt hätte.

»Versprich mir, daß du die Sache mit der Frau in Ordnung bringst! Sie macht sich sonst nur vergebliche Hoffnung.«

»Wieso denn ich?« gab ich giftig zurück, »du hast doch das Inserat aufgegeben.«

»Aber du warst es, die . . .«

»Mal sehen«, unterbrach ich sie, denn ich hatte keine Lust auf weiteres Gezänk. »Erstmal müssen wir unsere eigene Geschichte zu Ende bringen. Außerdem müßte ich mit Lena sprechen, denn sie hat die Adresse.« Ich wollte mir kein Versprechen abringen lassen, das ich bis heute nicht hätte halten können.

Aber auch Sarah hatte eingesehen, daß weitere Auseinandersetzungen zu nichts führten und gab sich mit meiner Antwort zufrieden. Wir bedauerten beide unsere entsetzlichen Mißverständnisse und hofften, daß wir zu unserem früheren Vertrauensverhältnis zurückkehren könnten. Von versöhnlichen Wangenküssen begleitet, wünschten wir uns eine gute Nacht. Trotzdem spürte ich einen deutlichen Riß in meiner Beziehung zu Sarah.

4. Tag

Der Nachmittag bei ihr zu Hause verlief ruhig. Roger Duval war von freundlich zuvorkommender Gelassenheit, die sehr natürlich wirkte.

Während ich mich ein wenig im eher bescheiden eingerichteten Wohnzimmer umsah, fiel mein Blick zufällig auf eine Ausgabe des Berliner Stadtmagazins; Henning Spangenberg hatte also recht gehabt mit seiner Vermutung, daß sie die Zeitschrift auch in Frankreich beziehen konnte.

Mit Mutterstolz präsentierte Sarah mir im Schlafzimmer das

Babyhimmelbett und die teils neuen, teils gebrauchten Babysachen. Zu meiner Freude war auch eine Babytragehose dabei, mit der mensch sein Kind bequem an der eigenen Brust verwahren kann, anstatt es in einem Kinderwagen vor sich her zu schieben.

Roger hörte ruhig, aber auch ein wenig amüsiert zu, als Sarah ihm von unserer Auseinandersetzung am Vorabend erzählte. Offensichtlich genoß er es auch ein wenig, daß er meine Reaktion auf das Inserat richtig eingeschätzt hatte. Im Gegensatz zu Sarah schien er keineswegs von den Qualitäten des angeblich selbstlosen Reproduktionstechnologen überzeugt, denn er hatte ihr davon abgeraten, für ihn zu arbeiten. Ich nutzte die willkommene Gelegenheit, um über Geller zu lästern, wobei ich es nicht versäumte, auf den eigentlichen Zweck der Hormonanalysen hinzuweisen. Bei Roger fand ich offene Ohren und die Solidarität, die ich bei Sarah so sehr vermißte.

»Aber du hast dich mit deinem ganzen Theater auch reichlich bescheuert benommen«, warf Sarah unvermittelt ein. Ich hatte keinen Bock mehr, das Ganze noch einmal durchzukauen.

»Kann schon sein«, gab ich zu, »aber auch Lutz war klüger als ich. Er vermutete sofort, daß Geller hinter dem Inserat steckt. Du siehst, wenn wir unsere prächtigen Männer nicht hätten, wären wir beide völlig durchgedreht.«

»Das stimmt«, sagte sie ein wenig verschämt lächelnd und warf ihrem Mann einen liebevollen Blick zu.

Meiner Bitte, mich mit meinem »Prachtexemplar« in Verbindung zu setzen, wurde umgehend entsprochen. Es tat gut, seine Stimme zu hören. Nachdem Lutz die Neuigkeiten erfahren hatte, kriegte ich das erwartete »Siehste, ich hab's dir doch gleich gesagt« zu hören.

Da sich nun unsere Horrorvisionen in nichts aufgelöst hatten, hoffte ich, daß alles weitere ohne Streß und Ärger ablaufen würde.

Mit seelig beschwingtem Lächeln kehrte ich ins Wohnzimmer zurück, wo mir Sarah einen Artikel aus der französischen

Frauenzeitschrift *ELLE* zeigte, der sich mit dem Thema »Leihmutterschaft« beschäftigte und auch Geller mehrfach erwähnte. Ich war zu aufgekratzt, um mich eingehender mit dem Text zu befassen; flüchtig nahm ich den Begriff »Madame X« wahr. Ich wollte die Zeitschrift mitnehmen, um den Artikel in Ruhe zu studieren; doch leider habe ich bei unserem Aufbruch zur *Ferme* nicht mehr daran gedacht. Es sollte sich keine Gelegenheit mehr ergeben, das Versäumte nachzuholen.

5. Tag

Sarah hatte schon vor meiner Ankunft einen Termin bei der Gynäkologin vereinbart, die mir bei der Entbindung Beistand leisten sollte.

Es war ein warmer, sonniger Morgen, am liebsten hätte ich faul in der Sonne gelegen, gelesen, gemalt oder geschrieben. Stattdessen fuhren wir sofort nach dem Frühstück nach Marseille. Die Gynäkologin öffnete uns selbst die Tür, als wir am späten Vormittag bei ihr eintrafen.

Die Ärztin war eine beeindruckende Erscheinung: rabenschwarze, sorgsam gepflegte Haare ergossen sich in weichen Wellen bis weit über ihre geradezu männlich breiten Schultern. Sie überragte mich, obwohl ich mit meinen einssiebzig auch nicht eben klein bin, noch um eine Kopflänge. Dezenter Goldschmuck unterstrich ihre imposante Gestalt; das makellose, faltenfreie Gesicht war gekonnt und unauffällig geschminkt. Sie wirkte alterslos, obwohl sie um die vierzig sein mußte. Im selben Moment, in dem wir ihr Reich betraten, überliefen mich eisigkalte Schauer. Unwillkürlich fühlte ich mich an ein gekühltes Schlachthaus erinnert.

Obgleich ich die einzige Patientin war, sollten wir im Wartezimmer Platz nehmen.

»Mir ist kalt«, sagte ich zu Sarah und zeigte auf meine Gänsehaut an den Unterarmen. Immer noch schwitzend, starrte sie mich ungläubig an. Dem Druck meiner Blase gehorchend, suchte ich das stille Örtchen auf. Auf der Innenseite der Klo-

tür war ein Plakat mit Ratschlägen für Schwangere angebracht. Neben den üblichen Ernährungsempfehlungen und der Warnung vor Nikotin- und Alkoholkonsum fand sich auch ein Fahrradfahrverbot. Beim besten Willen konnte ich mir nicht erklären, warum radfahren schädlich sein sollte; für mich war es die angenehmste Art der Fortbewegung während der Schwangerschaft. Auch mein Berliner Frauenarzt hatte nichts dagegen einzuwenden, solange ich keinen Leistungssport betriebe. In der Zwischenzeit hatte mir Sarah auf der Rückseite ihrer Visitenkarte die Praxis- und die Privatadresse der Gynäkologin aufgeschrieben: »Für alle Fälle!«
Dr. Marlène Ansellem
Cabinet (Praxis)
46, avenue Mazargues
131008 Marseille
Tel. 91.71 86 85
privat:
376, avenue Prado
Tel. 91.77 18 93
Als wir ins Sprechzimmer gebeten wurden, fragte mich Sarah verunsichert, ob sie jetzt schon mitkommen solle.
»Ich will dir nicht zwischen die Beine gucken müssen«, ergänzte sie auf meinen unverständig fragenden Blick.
»Das mußt du ja auch nicht«, versuchte ich, ihre mir unverständlichen Schamgefühle zu zerstreuen. Ich hatte den Eindruck, daß sich Sarah vor mir ekelte. Wie soll das erst bei der Geburt werden? fragte ich mich, enttäuscht über ihre Reaktion.
Schlagartig wurde mir bewußt, daß ich das Baby nicht in ihren Armen würde gebären können. Nun fiel mir auch auf, daß sie seit dem Abend meines Ankunftstages jeden Körperkontakt fast ängstlich gemieden hatte. Sarah schien nicht das geringste Verlangen zu haben, ihr Kind vor der Geburt in mir zu spüren. In diesem Moment überfiel mich Traurigkeit, denn ich mußte mir eingestehen, daß ich gar nicht mehr so sehr von

Sarahs mütterlichen Qualitäten überzeugt war.
Zunächst nahmen wir beide am Schreibtisch gegenüber der Ärztin Platz. Ich reichte ihr meinen Mutterpaß, der sämtliche Ergebnisse der Vorsorgeuntersuchungen enthielt.
»Wann war Ihre letzte Regel?« war die erste Frage der Ansellem. Am Ende des neunten Schwangerschaftsmonats konnte ich mir gar nicht mehr vorstellen, je eine Menstruation gehabt zu haben.
»Was soll der Quatsch?« wandte ich mich verärgert auf deutsch an Sarah. »Die weiß doch aus Gellers Unterlagen, wann die Empfängnis war. Außerdem steht das, genau wie der voraussichtliche Entbindungstermin, in meinem Mutterpaß.«
Meinen Einwand übergehend, rechnete Sarah gehorsam den Tag meiner letzten Regelblutung aus.
Die Gynäkologin nahm die »Zyklusdrehscheibe« zur Hand, wobei mir ihre mörderisch langen, blutrot lackierten Fingernägel ins Auge sprangen.
Überraschenderweise kam die Ansellem zu einem anderen Ergebnis als der Berliner Frauenarzt, dessen Terminvoraussage mit der des Zykluscomputers übereingestimmt hatte. Sie setzte die Entbindung fünf Tage später an. Ich war leicht geschockt, denn ich wollte alles so schnell wie möglich hinter mir haben.
Die gynäkologische Untersuchung, bei der Sarah demonstrativ abgewandt am Schreibtisch sitzen blieb, erwies sich als der reinste Alptraum. Genau wie an Gellers Tatort fehlte auch hier das Hygienepapier für den Gyno-Stuhl. Nachdem die Ansellem einen Gummihandschuh über eine ihrer »Vampirhände« gezogen hatte, langte sie damit in einen unverschlossenen Tiegel, der eine vaselineähnliche Substanz enthielt. Während sie ihre langen Finger in mich hineinbohrte, drückte sie mit der anderen Hand wortlos auf meinem Bauch herum. Nach Beendigung der Prozedur riß sie von einer nebenstehenden Klopapierrolle einen Streifen ab. Damit wischte sie mir mit nachlässiger Geste die Schmiere von der Schambehaarung. Genau wie bei Geller fühlte ich mich auch diesmal zutiefst gedemütigt.

Die Ansellem schien eine Kontrolle der kindlichen Herztöne, die normalerweise jeder gynäkologischen Tastuntersuchung vorangeht, für ebenso überflüssig zu halten, wie etwa einen Urintest oder eine Blutanalyse; sie nahm noch nicht einmal eine Blutdruckmessung vor. Zu Sarah gewandt bemerkte sie lapidar, daß bis zur Entbindung noch reichlich Zeit sei, weshalb eine Einweisung ins Krankenhaus nicht in Betracht komme. Sie empfahl aber dringend, demnächst eine Ultraschalluntersuchung vorzunehmen, was ich in diesem Schwangerschaftsstadium als völlig überflüssig erachtete, da eine Ultraschallaufnahme auch keine anderen als die zu ertastenden Befunde erbringt. Eine Ultraschalluntersuchung ist mühelos, aber teuer; der Ansellem kommt es dabei wohl hauptsächlich auf die Kohle an, dachte ich feindselig.
Nachdem ich wieder neben Sarah Platz genommen hatte, ergoß sich die Gynäkologin in Belehrungen über die Anzeichen einer herannahenden Geburt (Fruchtwasserabgang, Eröffnungswehen).
»Weiß ich doch alles; schließlich bringe ich nicht das erste Mal ein Kind zur Welt«, rief ich wütend. Anschließend wollte die Ansellem wissen, wie ich mir die Geburt vorstelle.
»Je voudrais un accouchement doucement«, antwortete ich direkt auf französisch. Damals wußte ich noch nicht, daß der korrekte Ausdruck für »Sanfte Geburt« auf französisch nicht »accouchement doucement« heißt, sondern accouchement sans violance (wörtlich: Entbindung ohne Gewalt).
Schon über die Frage der Ärztin ärgerte ich mich; ich hatte Sarah doch wiederholt und sogar schriftlich erklärt, worauf es mir im einzelnen ankam. Warum hatte sie meine Wünsche nicht respektiert und die Art der Niederkunft vorab geklärt?
»Wollen Sie das Kind sehen?« fragte die Ansellem, ohne auf meine vorherige Antwort einzugehen.
»Natürlich will ich es sehen!« schrie ich aufgebracht auf deutsch.
Ich kann mir keine »Sanfte Geburt« vorstellen, bei der ich

nicht zwangsläufig das Baby zu Gesicht bekäme. Mit gespielter Sachlichkeit übersetzte Sarah meine Äußerungen, worauf die Ansellem mit zähnefletschender Freundlichkeit wissen wollte, ob ich sonst noch irgendwelche Wünsche hätte.

»Ich möchte, daß für alle Fälle Lachgas (Stickoxedul, N^2O) bereitsteht, weil es mir bei Aglayas Geburt sehr geholfen hat«, wandte ich mich an Sarah.

Aber sie kannte den französischen Ausdruck für »Lachgas« nicht, obwohl wir bereits vorher darüber gesprochen hatten und ich sie gebeten hatte, diesen Begriff im Wörterbuch nachzuschlagen. Ich wartete nicht ab, bis Sarah mit ihren Übersetzungsbemühungen zu Ende war, sondern fiel ihr ins Wort, wobei ich mit meinem unzulänglichen Französisch versuchte, die Wirkungsweise von Lachgas zu beschreiben.

»Versteh' doch!« wandte ich mich wieder an Sarah. »Damals gab es bei der Entbindung eine kleine Komplikation; der Muttermund war erst drei Zentimeter geöffnet, als die Preßwehen einsetzten. Nach nur einmaligem Einatmen von Lachgas war er, wie es sein soll, zehn Zentimeter weit offen. Der Vorteil beim Lachgas war, daß ich mit dem darauffolgenden Atemzug bereits wieder völlig klar im Kopf war. Ich will auf keinen Fall, daß mir irgend etwas injiziert wird, das auf längere Zeit durch meinen Körper geistert und somit auch das Ungeborene erreicht.«

Halbherzig und in groben Zügen übersetzte Sarah meine Ausführungen, worauf die Gynäkologin kategorisch erklärte, Lachgas würde in Frankreich generell nicht angewendet; in jedem Fall müßte ein Narkosearzt hinzugezogen werden.

»So'n Quatsch – bei Aglayas Geburt waren nur eine Hebamme und ganz am Schluß ein Gynäkologe dabei«, brauste ich auf.

»Du hast doch gehört, daß es so etwas in Frankreich nicht gibt. Finde dich gefälligst damit ab!« zischte mir Sarah zu.

Aus dem Gesicht der Ärztin war jedes Lächeln gewichen; es drückte nun blanke Verärgerung aus.

»Wir haben hier andere Mittel«, übersetzte Sarah die Äußerung der Ansellem. Ich erfuhr, daß dieses Mittel in den Uterushals injiziert würde, wenn sich der Muttermund nicht von selbst öffnete.
Noch einmal bekräftigte ich meine Aversion gegen Spritzen jeder Art.
»Wir sind hier eben nicht in Deutschland«, giftete mich Sarah an; deutlich war ihr anzusehen, wie peinlich ihr mein Auftreten war.
»Kann ich wenigstens unter meinem richtigen Namen in die Klinik gehen und meiner Krankenkasse die Rechnung einreichen?«
Die Ansellem verneinte; soweit ich sie verstanden hatte (auf Sarahs Dolmetscherdienste mußte ich dabei verzichten), sollte Sarah die Rechnung bezahlen, und ich müßte mich im Krankenhaus mit »Madame Duval« anreden lassen, da das übrige Klinikpersonal nicht über meine besonderen Umstände aufgeklärt würde. In der Geburtsurkunde würde aber »Madame X« bzw. mère inconnue (Mutter unbekannt) stehen. Auf meine Frage nach der rechtlichen Grundlage dieses Verfahrens erklärte die Gynäkologin, daß es sich dabei um ein Gesetz aus der Zeit Napoleons handle.
»Kann ich einen Beleg über die Entbindung und den Verbleib des Kindes haben?« Sarah übersetzte meine Frage. Ich konnte die Antwort der Ärztin nicht verstehen. Erst auf meine ausdrückliche Bitte hin dolmetschte Sarah:
»Sie meint, du könntest mich mit einer solchen Bescheinigung erpressen«, brachte sie zögernd heraus.
»So'n Blödsinn; wenn es mir darum ginge, könnte ich das mit der Vaterschaftserklärung ohnehin schon.«
Sarah übersetzte meine Äußerung nicht ins Französische; ich nahm an, daß die Ansellem nichts von der Vaterschaftsanerkennung wußte. Es leuchtete mir jedoch nicht ein, warum ich Sarah erpressen sollte.
»Irgendwie muß ich den deutschen Behörden wenigstens einen

Beleg über die Geburt oder zumindest einen Eintrag im Mutterpaß vorlegen können.«
Sarah übertrug mein Anliegen ins Französische. Daraufhin bot die Gynäkologin an, ein Papier auszustellen, welches besagen sollte, daß es »Komplikationen« gegeben habe.
»L'enfant est mort!« (Das Kind ist tot!) brachte ich die »Komplikationen« auf den Punkt. Die Ansellem nickte kaum merklich.
»Ja, so ungefähr«, gab Sarah kleinlaut zu.
Das genügte.
»Ich habe keine weiteren Fragen mehr«, sagte ich und stand innerlich kochend auf.
Sarah gab der Ansellem zum Abschied die Hand — ich nicht.
Sarah akzeptierte meinen Vorschlag, auf die für den Nachmittag geplante Besichtigung der privaten Entbindungsklinik zu verzichten. Mein Bedarf an »Weißkitteln« war vorerst gedeckt.
Den Weg zu einem nahegelegenen Restaurant legten wir schweigend zu Fuß zurück.
»Diese Ansellem arbeitet doch mit Geller zusammen . . .«, begann ich, während wir auf den Kellner warteten.
»Sie ist aber trotzdem eine selbständige Ärztin«, unterbrach mich Sarah. »Hast du denn nicht mitgekriegt, daß sie es bedauert, daß du nicht mehr mit ihm zusammenarbeitest? Nein, das hast du natürlich nicht. Du hast mir ja nicht einmal die Zeit zum Übersetzen gegeben.«
Noch bevor ich fragen konnte, wieso die Ansellem meine Unabhängigkeit von Geller bedauern sollte, folgten Sarahs Vorwürfe über mein unmögliches Benehmen gegenüber der Ärztin. Nachdem sie ihre Schimpfkanonade beendet hatte, bekam ich Gelegenheit, meinen Standpunkt klarzustellen:
»Wenn ich schon in ein privates Krankenhaus gehe, dann bestehe ich darauf, daß meine Wünsche in jeder Hinsicht respektiert und befolgt werden; ansonsten könnte ich genauso gut in jeder x-beliebigen ›Massenabfertigungsklinik‹ entbinden. *Ich* bringe dieses Kind zur Welt — und nicht die Ärzte; die sind

nur Handlanger und Hilfsdienst, wenn etwas nicht natürlich ablaufen sollte, und auch dann haben sie sich nach meinen Vorstellungen zu richten, solange dabei das Baby nicht gefährdet wird. Einzig und allein darin kann ich den Nutzen einer Privatklinik sehen.«

»Du magst Frau Dr. Ansellem nicht«, mutmaßte Sarah nach meiner hitzigen Rede.

»Ich kann sie nicht ausstehen.«

»Ich verstehe dich wirklich nicht; dabei hat sie sich soviel Mühe gegeben, auf deine absurden Spinnereien einzugehen, obwohl du dich wirklich unmöglich aufgeführt hast.«

»Sie verdient ja auch nicht schlecht dabei«, gab ich gehässig zurück.

»Na und? Sie tut schließlich auch einiges dafür. Es gibt nicht viele Ärzte, die sich so für die Belange unfruchtbarer Frauen einsetzen«, verteidigte sie die Ärztin.

Ich sagte nichts mehr, damit nicht noch mehr Feindseligkeit zwischen uns entstünde. Sarah *wollte* mich nicht verstehen. Ich hatte keinen Bissen herunterbekommen, sondern nur darin herumgestochert; auch Sarahs Menü wirkte umgegraben.

Schweigend fuhren wir zurück zur *Ferme*, wo ich mich sofort in die Kammer verzog. Die Ereignisse des Vormittags begannen eine ganze Flut von Gedanken und Gefühlen in mir auszulösen. Warum wollte Sarah mich nicht verstehen? Es ging doch auch um *ihr* Kind; es konnte ihr doch nicht gleichgültig sein, unter welchen Umständen es zur Welt kommen sollte. War sie wirklich nicht sensibel genug, um zu begreifen, wie die Art und Weise des Eintritts ins Leben den Werdegang des Menschen bestimmt? Schon die bloße Erinnerung an diese Gynäkologin ließ mich erschaudern.

Aus Höflichkeit leistete ich Sarah beim Abendessen Gesellschaft; mir selbst war der Appetit gründlich vergangen. Bei unserem anschließenden Spaziergang sprach ich sie noch einmal auf das »Madame X«-Verfahren an, um mich zu vergewissern, daß ich die Ansellem richtig verstanden hatte:

»Du hast mir gesagt, daß außer der Gynäkologin niemand im Krankenhaus über meine ›Leihmutterschaft‹ Bescheid wüßte; aber ich muß doch bei der Aufnahme einen Namen angeben.«
»Du gibst einfach meinen an; die Rechnung für die Entbindung geht schließlich auch an mich«, bestätigte Sarah meine Vermutung.
Warum sollte die Ansellem dann »mére inconnue« (Mutter unbekannt) in die Geburtsurkunde schreiben, wo es doch naheliegend war, einfach Sarah als »leibliche Mutter« anzugeben? Sarahs Ziel, so »natürlich« wie möglich Mutter zu werden, fiel mir wieder ein.
»Was ist, wenn tatsächlich etwas schiefgeht und ich dabei zu Schaden komme? Unter deinem Namen könnte ich wohl kaum eine Entschädigung geltend machen.«
»So fanatisch wie du dich in Spitzfindigkeiten verrennen kannst, hättest du Rechtsanwältin werden sollen. Du versuchst jedes Risiko für dich auszuschließen; an mich denkst du dabei überhaupt nicht«, warf sie mir vor.
»Ich verstehe bloß nicht, warum du diesen Weißkitteln so bedingungslos vertraust. Wenn die Ansellem mir eine Totgeburt bescheinigt, dann ist das doch Urkundenfälschung.«
»Daß du ihr das vorwirfst, ist ja wohl das allerletzte. Ich finde es großartig, daß sie trotz des eigenen Risikos bereit ist, sich auch noch mit deinen Angelegenheiten abzugeben. Du solltest ihr dankbar dafür sein, statt dich darüber zu beschweren!«
»Wieviel verlangt sie eigentlich für ihr ›uneigennütziges‹ Handeln?« Sarah wollte zuerst nicht mit der Sprache rausrücken, doch ich gab nicht nach. Umgerechnet seien es zwischen drei- und viertausend Mark. Ich spielte die letzte Karte aus, indem ich an Sarahs »Mutterinstinkt« zu appellieren suchte:
»Auf dem Gesicht meines Frauenarztes erschien immer ein ehrfurchtsvolles Lächeln, wenn er das kleine Herzchen schlagen hörte; daß die Ansellem auf die Kontrolle der kindlichen Herztöne verzichtet hat, ist für mich ein Beweis ihrer absoluten Gefühlskälte.«

Doch auch dieser Angriff schlug fehl; für diesen Tag gab ich es auf, Sarahs Verständnis zu finden, da ich eine offene Feindschaft zwischen uns, schon im Interesse des Babys, auf jeden Fall vermeiden wollte.
Obwohl ich müde und erschöpft war, fand ich in dieser Nacht keinen Schlaf. Immer wieder sah ich die schreckliche Gynäkologin vor mir. Die Gewißheit, daß ich bei dieser Frau niemals entbinden wollte, verfestigte sich mehr und mehr. Die Geburt würde eine Katastrophe werden, denn ich würde mich in Gegenwart dieser Ärztin niemals entspannen können, was für eine komplikationsfreie Entbindung unerläßlich ist. Mir grauste schon bei der bloßen Vorstellung daran, daß sie mich noch einmal anfassen würde. Aber noch schlimmer war, daß sie als erste das unschuldige Baby mit ihren »Vampierkrallen« berühren würde. Um nichts auf der Welt durfte das geschehen! Aber wie sollte ich es verhindern? Ich fühlte mich fremd und verloren. Sarah schien so unendlich weit weg. Meine Abscheu und mein Grauen vor der Ansellem verwandelten sich in dieser Nacht in verzweifelten Haß:
Sie darf das Kind nicht anfassen!

6. Tag

Grau, schwül und wolkenverhangen dämmerte der Morgen herauf. Ich war halb wahnsinnig vor Schmerz; jeder Herzschlag dröhnte in meinem Schädel. Der Druck in meinem Kopf war so stark, daß ich befürchtete, mir würden die Augen aus den Höhlen springen. Als ich hinunterging, fand ich Sarah, den Hund vor dem Bett, im Tiefschlaf vor. Von den Begrüßungsgeräuschen des Hundes geweckt, blinzelte sie mich schlaftrunken an. Ich warf ihr ein kurzes »Guten Morgen« hin und verzog mich mit dem Hund auf einen längeren Spaziergang in der Hoffnung, die frische Luft würde meinem gemarterten Hirn guttun. Doch es half nichts.
»Du siehst blaß aus. Geht es dir nicht gut?« fragte Sarah, die in der Zwischenzeit allerhand Leckereien aufgetischt hatte.

»Ich habe tierische Kopfschmerzen«, brachte ich, unfähig mehr zu sagen, gerade noch heraus. Wortlos zwang ich eine Tasse Kaffee in mich hinein, bevor ich mich wieder nach oben schleppte. Jeder Schritt, den ich tat, wirkte wie ein Hammerschlag auf meinen Kopf. Auf dem Bett liegend starrte ich die Zimmerdecke an, heiße Tränen vor Schmerz und Wut rannen mir in die Haare.

Immer noch war mein ganzes Denken auf ein einziges Ziel gerichtet: Die Ansellem darf das Kind nicht anfassen!

Draußen brach ein orkanartiger Sturm los, gleichzeitig entlud sich unmittelbar über der *Ferme* ein Gewitter. Die Hausmauern, das Dach und sogar der Fußboden vibrierten, als Blitz und Donner eins wurden. Ich genoß das Unwetter mit grimmiger Freude: Der Blitz soll dich treffen! verfluchte ich die verhaßte Ärztin.

Das Gewitter schien mir wie eine Manifestation meines seelischen Zustandes. Ohne die Liebe zu Aglaya und Lutz hätte ich mir in diesem Moment selbst den Tod gewünscht. So fand ich trotz Schmerz und Verzweiflung die Kraft durchzuhalten.

Der unvermeidliche Harndrang zwang mich nach unten zu gehen. Schwarze Zacken tanzten vor meinen Augen, als ich wortlos an Sarah vorbei in Richtung Plumpsklo taumelte. Für Sekundenbruchteile verwandelte der Blitz die ganze Umgebung in grell blendendes Weiß, von ohrenbetäubendem Krachen begleitet.

»Es tut mir wirklich leid, daß die Sonne nicht scheint. So ein Wetter habe ich hier noch nie erlebt. Glücklicherweise hat das Haus einen Blitzableiter«, bemerkte Sarah, als ich mit triefend nassen Haaren in die Küche kam. Auch sie sah blaß und ein wenig verängstigt aus.

»Kann ich irgend etwas für dich tun?« fragte sie ernsthaft besorgt.

»Ich kann mir nur selber helfen«, hörte ich mich sagen und floh wieder in mein Zimmer. Unfähig, mit Sarah zu reden, überließ ich mich meinem inneren Unwetter.

Am frühen Nachmittag ließ das Toben draußen und das Dröhnen in meinem Schädel allmählich nach. Sarah nutzte die Gelegenheit, um auf einen Sprung ins Dorf zu fahren. Kaum war sie fort, kündigte das Bellen des Hundes fremden Besuch an. Vom Flurfenster des oberen Stockwerks aus konnte ich die Umgebung des Hauseingangs einsehen.

Eine junge Frau und ein Mann waren mit einem Motorrad gekommen. In sicherer Entfernung von Sarahs Hund standen sie einige Minuten lang unschlüssig herum, bis ich mich dazu überwinden konnte, hinunter zu gehen. Die Frau stellte sich als Sarahs Schwester vor.

»Kommt später wieder! Sarah ist nicht da«, sagte ich unfreundlich und verzog mich wieder ins Haus. Obwohl meine Kopfschmerzen nachgelassen hatten, war mir nicht nach Gesellschaft zumute.

Wenig später kehrte Sarah in Begleitung ihrer Gäste zurück. Ohne das Haus zu betreten, nahmen die beiden am Tisch vor dem Haus Platz, während ich Sarah in der Küche mit dem Teegeschirr hantieren hörte. Von meinem Guck- und Horchposten aus konnte ich beobachten, wie Sarah angeregt, aber mit ernstem Gesicht, mit ihrer Schwester sprach; die Unterhaltung war zu leise, um sie verstehen zu können. Mehrmals deutete Sarah mit dem Kopf in meine Richtung, obwohl sie mich wegen der Lichtverhältnisse hinter dem Fenster nicht sehen konnte.

Etwa eine Stunde später gesellte sich eine vierte Person hinzu; eine Frau mit aschblondem Kurzhaar kam, ein Fahrrad schiebend, den Feldweg zum Haus hinunter. Das Fahrrad, endlich, jubelte ich innerlich. Doch zu meiner Enttäuschung nahm die Frau das Rad nach kurzem Wortwechsel mit Sarah wieder mit. Abrupt verstummte die Teerunde, als ich wegen eines dringenden Bedürfnisses an ihrem Tisch vorbei mußte.

»Hast du gut geschlafen und dich ein wenig erholt?« fragte Sarah mit süßem Lächeln.

»Ja, mir geht's ein wenig besser«, erwiderte ich knapp. Als ich zurückkam, war der Besuch bereits gegangen, und Sarah war wieder in der Küche. Jetzt fühlte ich mich stark genug, um mit ihr zu reden. Der Augenblick schien günstig; auch Sarah wirkte entspannt und gelassen.

»Ich muß dich sprechen«, begann ich vorsichtig, während ich mich an einer Zigarette festhielt. »Ich habe die ganze letzte Nacht und auch heute an diese Ansellem denken müssen; ich *kann* mit dieser Frau kein Kind zur Welt bringen!«

Geduldig versuchte ich, Sarah den Geburtsvorgang nochmals zu erklären. Mit undurchschaubarem Gesichtsausdruck hörte sie zu.

»Versteh mich doch bitte!« flehte ich sie schließlich verzweifelt an. »Ich habe furchtbare Angst, vor allem auch um *dein* Kind, denn es leidet mit mir, wenn es zu Komplikationen kommt. Lieber würde ich es allein, irgendwo in den Büschen zur Welt bringen als mit dieser Ärztin.«

»Ich sehe es ein«, seufzte Sarah. »Du hast dich in eine derartige Hysterie hineingesteigert, daß ich jetzt auch befürchte, daß es mit Frau Dr. Ansellem schiefgehen würde, obwohl ich immer noch nicht recht einsehen kann, warum du sie ablehnst; sie ist wirklich eine gute Ärztin. Wenn du willst, fahren wir gleich morgen nach (Ort); dort befindet sich die Klinik, von der ich dir letztes Jahr erzählt habe, und wo auch viele ›Feministinnen‹ entbinden.«

Ich war zufrieden mit ihrem Vorschlag, der augenblicklich meine Lebensgeister weckte, was eine sofortige Kühlschrankplünderung zur Folge hatte. Kaum lag ich kugelrund und satt im Bett, überfiel mich ein traumloser, bleischwerer Schlaf.

7. Tag

Bevor Sarah wie gewöhnlich ins Dorf fuhr, erinnerte ich sie auch heute wieder an den Schlauch für die Dusche und an das Fahrrad. Einen Schlauch habe sie nicht auftreiben können und das Fahrrad sei immer noch kaputt, redete sie sich bei ihrer Rückkehr heraus.

»Ich habe Frau Dr. Ansellem angerufen und ihr abgesagt. Sie war überhaupt nicht böse darüber; sie hatte befürchtet, daß du dich im Krankenhaus genauso hysterisch aufführen würdest, und sie deshalb dann vielleicht überhaupt keine ›Leihmutter‹ mehr dort hinbringen könnte.«
Mit Triumph nahm ich diese Botschaft zur Kenntnis; die Ansellem hatte also ebenso Angst vor mir wie ich vor ihr.
Nach dem Mittagessen fuhren wir wie geplant nach (Ort). Die Klinik lag am Rande eines kleinen malerischen Provence-Städtchens, in einem romantisch-verwilderten Park. Die Entbindungsstation war in sanften Pastelltönen gehalten und strahlte eine angenehm menschliche Atmosphäre aus.
Auch das anschließende Gespräch mit einer Hebamme fiel zu meiner vollen Zufriedenheit aus, eine »Sanfte Geburt« gehörte in diesem Krankenhaus zum selbstverständlichen Standard. Wir erfuhren, daß es keine Anmeldefristen gab und ich jederzeit kommen könne, sobald sich die Geburt ankündige.
Eine nochmalige Kontrolluntersuchung hielt die Hebamme für überflüssig, da ich, laut Mutterpaß, erst vor einer Woche umfassend untersucht worden war.
Auf ihre Frage, wieso ich das Kind in Frankreich zur Welt bringen wolle, antwortete ich nur, daß der Vater Franzose sei. Da die Klinik auf Krankenkassenbasis arbeite, könne ich die Anspruchsbescheinigung meiner Berliner Versicherung ohne weiteres verwenden, bestätigte die Hebamme Sarahs frühere Aussage.
Das Verfahren »Madame X« schien nicht mehr zur Diskussion zu stehen, denn Sarah erwähnte es ebensowenig wie die Tatsache, daß ich »Leihmutter« sei.
Zum Abschluß unseres Besuches besichtigten wir das Säuglingszimmer und den Kreißsaal, von dem ich besonders angetan war. Über dem Kreißbett war sogar extra eine Wärmelampe angebracht, um dem neuen Erdenbürger einen warmen Empfang zu bereiten.
In dieser Umgebung schien der Gedanke an etwaige Kompli-

kationen so abwegig, daß ich nicht weiter nach Medikamenten fragte. Selbstbewußt erklärte die Hebamme, sie und ihre Kolleginnen führten die Entbindung normalerweise alleine durch; nur bei ernsthaften Komplikationen würde ärztlicher Beistand hinzugezogen.

»Das ist genau so, wie ich es mir vorgestellt habe«, jubelte ich. Auch Sarah schien froh darüber zu sein, meinen Wünschen gerecht werden zu können. Trotzdem spürte ich, daß sie meine Begeisterung nicht in vollem Umfang teilte.

Im Anschluß an die Krankenhausbesichtigung fuhren wir zu Brigitte, einer deutschen Freundin Sarahs, von der sie außer einigen Babysachen auch einführende mütterliche Ratschläge erhalten hatte.

An unserem Ziel, einem hübschen Landhaus, wurden wir von einer mageren, gehetzten und sehr nervös wirkenden jungen Frau begrüßt.

Ich erfuhr, daß Brigitte gleichzeitig studierte, arbeitete, ein zweijähriges Kind versorgte und zu allem Überfluß auch noch Probleme mit ihrem Mann hatte. Kein Wunder, daß sie bei einem solchen Programm gestreßt wirkte.

Brigitte beklagte sich über das allmorgendliche Geschrei ihrer Tochter, wenn sie sie im Kindergarten abliefern wollte. Sie hatte die Kleine schon im zarten Alter von sechs Monaten in die Krippe geben müssen. Daher nahm sie an, daß sich das Kind an die Trennung von ihr längst gewöhnt hatte. Die Show, die ihre Tochter jedesmal vor dem Kindergarten abzöge, wertete Brigitte als reine Tyrannei.

Ich versuchte, ihr zu erklären, daß das Geschrei ihres Kindes kein böser Wille sei, sondern Trennungsangst, gerade weil sie es so frühzeitig in die Krippe gebracht hatte. Ich erzählte von meinen gegenteiligen Erfahrungen mit Aglaya, die ich im Alter von eineinhalb Jahren in die Kita gegeben hatte. Meine Argumente konnten Brigitte jedoch nicht von ihrer Ansicht abbringen.

Auf der Rückfahrt zur *»Ferme«* griff ich das Thema noch ein-

mal auf, denn ganz offensichtlich hatte sich Sarah von dieser bedauernswerten Frau beeinflussen lassen.
»Das wichtigste, was du deinem Kind geben kannst, sind Zeit und Liebe«, begann ich.
»Zeit ist Geld!« bekam ich prompt zur Antwort. Das tat weh.
»Nein, Zeit ist wichtiger als Geld!« sagte ich, nachdem ich mich vom ersten Schock erholt hatte.
»Aber ohne finanzielle Basis bist du verloren, das solltest gerade du wissen; schließlich müssen Roger und ich die Kredite abarbeiten, die wir deinetwegen aufnehmen müssen.«
Ich hielt es für besser, nichts mehr darauf zu erwidern, um unseren mühsam errungenen Frieden nicht erneut zu stören.

8. Tag

Bevor Sarah wie jeden Morgen ins Dorf fuhr, erinnerte ich sie noch einmal an den Duschschlauch und das Fahrrad. Außerdem bat ich sie, einen Liter frische Milch mitzubringen, da ich schwarzen Kaffee zum Frühstück hasse. Sie kehrte zu meinem Verdruß nur mit allen möglichen Lebensmitteln zurück, ohne jedoch eine meiner Bitten erfüllt zu haben. Nach einem schweigend verbrachten Frühstück verließ sie mich wieder, um ihren Gästen und Roger Gesellschaft zu leisten. Ich unternahm mit dem Hund einen Spaziergang ins nahgelegene Pinienwäldchen.
Am Nachmittag ging ich ohne Begleitung zum Milchkauf ins Dorf, wobei ich auch am Haus der Duvals vorbeikam; es war aber niemand zu Hause.
Erst kurz vor Mitternacht kehrte Sarah in angeheitertem Zustand zurück; sie hatte mich mehr als acht Stunden allein gelassen. Genauso lange hatte Aglayas Geburt, von den ersten Wehen bis zu ihrem Eintritt ins Leben, gedauert; diesmal würde es, nach Aussage des Berliner Frauenarztes, noch schneller gehen.
»Bist du sauer, weil ich solange weg geblieben bin?«
Ich war nicht ernsthaft böse deswegen, denn ich hatte das Al-

leinsein sehr genossen. Ich sehnte mich so sehr danach, wieder *wirklich* allein, ohne *ihr* Baby, zu sein.

»Nein«, sagte ich, während ich mir eine Zigarette anzündete, »aber ich möchte jetzt endlich das Fahrrad haben. Wenn die Wehen einsetzen sollten, wenn du nicht da bist, ist es für mich einfacher ins Dorf zu radeln, als zu laufen.« Sarah antwortete nicht.

»Warum gibst du nicht zu, daß du mir das Fahrrad nicht geben willst.«

»Du hast es erfaßt; ich habe mich erkundigt . . .«

»Erkundigt!? Du hast dieses blöde Plakat auf der Klotür . . .«

»Ja, und außerdem hat auch die Dorfhebamme gesagt, daß das für das Baby nicht gut wäre. Deshalb hat sie das Fahrrad vorgestern auch wieder mitgenommen«, unterbrach sie mich. Sie hielt es erst jetzt für nötig, mich über den Besuch der Hebamme zu informieren.

»Ich bin in Berlin bis zum letzten Tag vor dem Abflug mit dem Fahrrad gefahren. Im übrigen hat niemand, auch du nicht, das Recht, über mich zu entscheiden«, brauste ich auf.

»Du willst das Kind wohl so schnell wie möglich loswerden?« giftete sie zurück.

»Na und wenn schon!?« gab ich zu. »Kannst du denn nicht verstehen, daß ich die scheußlichen Rückenschmerzen und das dauernde, tröpfchenweise Gepinkle allmählich gründlich satt habe?« Sie konnte es offensichtlich nicht.

»Wer glaubst du eigentlich, wer du bist? Du benimmst dich wie eine verwöhnte Prinzessin. Ich gebe mir jede erdenkliche Mühe, dir deinen Aufenthalt so angenehm wie möglich zu machen und muß mir deine ewigen Nörgeleien anhören und die ganze Zeit deine üble Laune ertragen«, warf sie mir vor. Ich konnte mir darauf eine spitze Bemerkung wegen des Duschschlauchs und der Milch nicht verkneifen.

»Das ist typisch für dich, daß du dich an Pedanterien aufgeilst.«

»Es geht mir nicht um die Milch ...«, versuchte ich zu erklären. Sarah kam so in Fahrt, daß sie jede Vorsicht vergaß.
»Weißt du, was mir der Rechtsanwalt damals geraten hat, als du diese blödsinnige Forderung nach der Vaterschaftsanerkennung gestellt hast? ›Lassen Sie diese Frau fallen, und fangen Sie mit einer neuen Leihmutter von vorne an‹!« Mit dieser als »Loyalitätsbeweis« gedachten Enthüllung erreichte sie das genaue Gegenteil; ich war zutiefst geschockt über diesen neuen Beweis für die Skrupellosigkeit und Menschenverachtung dieser »Leihmutterunternehmer«. Unklar blieb allerdings, ob der betreffende »Rechtsverdreher« fest mit CEFER zusammenarbeitete. Ich nahm aber an, daß Sarah nicht den Mut hatte, einen unabhängigen Juristen um Rat zu fragen. Fassungslos über soviel Kaltschnäuzigkeit, machte ich mir an der alten Kippe eine neue Zigarette an. Der nächste Hammer folgte sogleich:
»Ich habe mit Roger gesprochen; es geht nicht, daß du in (Ort) entbinden kannst ...«
»Wieso nicht?«
»Weil du dort nicht als ›Madame X‹ hingehen kannst und ich nicht ein ganzes Krankenhaus bestechen kann.« Jetzt verstand ich überhaupt nichts mehr.
»Du hast doch selbst gesagt, daß dieses Verfahren legal sei.« Ich fragte mich, wie sie wissen konnte, daß das Personal der Klinik dem Wunsch nach einer anonymen Entbindung nicht entsprechen würde, obwohl sie sich noch gar nicht danach erkundigt hatte. Sarah nahm von vornherein an, daß dort mein Name in die Geburtsurkunde eingetragen würde.
»Das sieht dann auf dem Papier wie Ehebruch aus. Roger war mit einer ›Leihmutter‹ nur unter der Bedingung einverstanden, daß sie anonym bleibt. Wenn er vorher geahnt hätte, was du für Schwierigkeiten machst, hätte er sich nie und nimmer darauf eingelassen.«
»Als ich dein zweites Inserat entdeckte, habe ich einen befreundeten Rechtsanwalt konsultiert. Auch er konnte im französischen Recht kein ›Madame X‹-Verfahren finden.«

Doch statt dieses Mysterium endlich aufzuklären, erging sich Sarah in einer Woge abfälliger Bemerkungen über die deutschen Anwälte mit ihren typisch deutschen Spitzfindigkeiten.
»Übrigens habe ich dem Anwalt vor meiner Abreise sämtliche Unterlagen und Dokumente, die CEFER-Broschüre und unseren Briefwechsel zukommen lassen, damit er gegebenenfalls in der Lage ist, etwas zu unternehmen, falls unsere Sache schiefläuft.« Sarah wurde blaß.
»Wie heißt denn dieser Anwalt?« wollte sie unbedingt wissen und wiederholte die Frage, als ich meine Antwort hinauszögerte. Mit gemischten Gefühlen nannte ich ihr den Namen. Ich erzählte ihr, daß mir Henning Spangenberg dringend angeraten hatte, unter meinem richtigen Namen ins Krankenhaus zu gehen und nach einer Möglichkeit zu suchen, die Geburtsurkunde, egal ob mit richtigen oder falschen Angaben, unabhängig von der Krankenhausverwaltung zu erstellen. Wenn etwas an der anonymen Entbindung faul sei, könne ich auf diese Weise wenigstens nicht dafür belangt werden und sei obendrein nicht bedingungslos der ärztlichen Willkür ausgeliefert. Nocheinmal wies ich Sarah auf die Belege hin, die die »Mutter-Kind-Stiftung« nach der Geburt fordern würde.
»Wer oder was ist denn diese Stiftung überhaupt, daß du denen derartig viel Aufmerksamkeit widmest?« Mir fiel dazu keine passende Antwort ein.
»Du wirst bei Dr. Ansellem entbinden!«
Obwohl ich mit dieser Drohung schon die ganze Zeit über gerechnet hatte, traf mich Sarahs Befehl wie ein Keulenschlag.
»Nein! Das werde ich auf gar keinen Fall!« schrie ich völlig außer mir.
»Versteh mich doch, ich habe Angst vor ihr, ich *weiß*, daß es einfach schiefgehen *muß*, wenn ich ihr ausgeliefert bin.« Ich war nahe daran, einen Heulkrampf zu kriegen. Nach einigen tief inhalierten Zügen an meiner Zigarette, hatte ich mich wieder einigermaßen unter Kontrolle.
»Ich habe das Angebot, anonym zu entbinden nur unter der

Bedingung gemacht, daß die *gesamte* Aufwandsentschädigung noch vor meinem Abflug auf mein Konto überwiesen ist.« Damit spielte ich meinen letzten Trumpf aus.
Mit brutalen Worten unterstellte mir Sarah, daß ich nun endlich zu erkennen gäbe, worauf es mir eigentlich ankäme. Es kam zu einer kurzen heftigen Debatte, in der es einzig und allein darum ging, wer von uns beiden mehr vom Geldgedanken besessen sei. Der krönende Abschluß war, daß Sarah wahllos auf mich einschlug, als ich mir die dritte Kettenzigarette anzünden wollte. »Was fällt dir eigentlich ein, *mein* Kind derartig mit Nikotin zu vergiften«, keuchte sie atemlos.
Auch ich wollte das Baby nicht gefährden und hielt lediglich meine Hände schützend über meinen Kopf und drehte mich so, daß sie nur meinen Rücken treffen konnte. Unter anderen Umständen hätte ich wohl kaum gezögert, mit aller Kraft zurückzuschlagen. Als sich Sarah ausgetobt hatte, bog ich mit gespielter Gelassenheit mein Brillengestell zurecht.
»Gib mir die Zigaretten!« befahl Sarah, worauf ich ihr mit betont lässiger Geste und der Bemerkung »Waren sowieso die letzten« die leere Schachtel vor die Füße schmiß.
»Ich habe schon die ganze Zeit gemerkt, wieviel du rauchst.«
»Du täuschst dich; diese Packung habe ich mir am zweiten Tag nach der Landung in Nizza gekauft«, erwiderte ich wahrheitsgemäß. Es stimmte allerdings, daß ich in ihrer Gegenwart öfter zur Zigarette gegriffen habe, um wenigstens einigermaßen ruhig zu bleiben. Ohne ein weiteres Wort ging ich die Treppe hinauf, nicht ohne stille Genugtuung darüber, daß es mir gelungen war, Sarahs »Mutterinstinkt« auf so drastische Weise doch noch zu wecken. Der Gedanke, daß sie vielleicht nur ihr *Eigentum* schützen wollte, war so zynisch und gemein, daß ich ihn augenblicklich verwarf. Sarah war mir hinterhergeschlichen und fragte mißtrauisch nach weiteren Zigaretten, gab sich aber mit meiner negativen Auskunft zufrieden. Ohne daß sie das Zimmer betreten hatte, ging sie wieder hinunter und legte sich schlafen.

Am liebsten wäre ich sofort zu Lutz und Aglaya zurückgeflogen. Leider war das aber unmöglich. Wegen des günstigeren Tarifs hatte ich den Rückflugtag fest gebucht. Deshalb mußte ich drei weitere Wochen in Frankreich ausharren.
Da es mir ebenso unmöglich erschien, länger auf der *»Ferme«* zu bleiben, entschied ich mich dafür, nach Marseille zu fahren, um in einem Frauenzentrum Rat und Hilfe zu suchen. Ich packte sämtliche Sachen und deponierte die Reisetasche samt Minirucksack in einer Nische des Zimmers, die durch einen vorhangähnlichen Fetzen verdeckt wurde.
Nachdem ich einen sehr langen und ausführlichen Brief an Lutz geschrieben hatte, in dem ich ihn bat, unverzüglich Henning Spangenberg einzuschalten, wenn er zuvor keine ausdrückliche Entwarnung erhielt, packte ich meine Papiere und Wechselwäsche in einen kleinen Lederbeutel und schlich mich nach unten. Sarah schlief fest.
Du kannst dir deinen Schlaf mit Tabletten verschaffen, während ich alles hellwach, ohne zeitweilige Betäubung, ertragen muß, dachte ich neiderfüllt. Zum Abschied wünschte ich ihr wenigstens einen ordentlichen Brummschädel.

9. Tag

Es gab von Sarahs Wohnort aus keine direkte Verbindung nach Marseille. Zu meinem Entsetzen verpaßte ich den ersten Bus, der schon kurz nach dem Hellwerden abgefahren war. Der nächste Bus sollte erst am späten Mittag kommen. In die nächstgrößere Stadt zu trampen, erwies sich glücklicherweise als ziemlich unkompliziert, so daß ich schon um neun Uhr den dortigen Busbahnhof erreichte. Von dort fuhr ein Bus direkt nach Marseille.
Nach einer kleinen Odyssee stand ich endlich in der Rue de Senac, vor der Tür des Marseiller Frauenzentrums C.O.D.I.F. (Coopération, Organisation, Documentation, et L'Information des Femmes; Kooperation, Organisation, Dokumentation und Information von/für Frauen)

Die Adrenalinstöße der vergangenen Stunden schienen meinen französischen Sprachschatz zu neuem Leben erweckt zu haben. Ohne nachzudenken, konnte ich der Frau, die mir öffnete, knapp und präzise meine Situation schildern. Kurz darauf saß ich Laurance, der juristischen Fachberatungsfrau, gegenüber.

Ausführlich erzählte ich ihr Sarahs und meine Geschichte: vom ersten Kennenlernen bis zu unserer letzten nächtlichen Auseinandersetzung. Während ich Freude und Verzweiflung noch einmal rekapitulieren mußte, hatte sich eine zweite Frau, Marithé, zu uns gesetzt. Beide Frauen kannten CEFER, das als gemeinnützig deklarierte Unternehmen (»Un organisme à but non lucratif«) des Dr. Sacha Geller, aus Presse, Fernsehen und anderen einschlägigen Publikationen. Praktische Erfahrungen mit »Leihmutterschaft« hatten sie nicht. Marithé und Laurance erlebten nun zum ersten Mal, daß ihnen eine »Leihmutter« zugelaufen war. Sie bezeichneten mich als eine »mère porteuse«, eine »Austragemutter«.

Laurance bestätigte die Aussage der Ansellem über das Verfahren »Madame X«. In neueren Gesetzeswerken werde dieses Relikt aus napoleonischer Zeit nicht erwähnt, obwohl es nie außer Kraft gesetzt worden sei und damit bis auf den heutigen Tag seine Gültigkeit behalten habe. Das war die Erklärung, warum die Berliner Anwälte nichts darüber gefunden hatten. Die C.O.D.I.F.-Frauen waren sichtlich geschockt, als sie von mir erfuhren, daß ich weder einen schriftlichen Vertrag mit CEFER/Geller hatte, noch eine Risikoversicherung abgeschlossen worden war. Der Abschluß eines Vertrages und einer Versicherung werden von CEFER/Geller als Legitimation des Unternehmens in der Öffentlichkeit hervorgehoben. Diese Behauptungen CEFER/Gellers fanden sich in einem feministischen (französischen) Buch über Reproduktions- und Gentechnologie. Marithé hatte mir die betreffenden Seiten aufgeschlagen. Während ich den Text kurz überflog, entdeckte ich das Wort »Prostitution«. Daraus schloß ich, daß sich der

Standpunkt der französischen Feministinnen zur »Leihmutterschaft« nicht von dem ihrer deutschen Kolleginnen unterschied. Derart provoziert, fühlte ich mich dazu genötigt, den C.O.D.I.F.-Frauen meine Auffassung von »Leihmutterschaft« zu erklären.

»Ich begreife meine ›Leihmutterschaft‹ als einen Akt der Solidarität zwischen einer *›sterilen‹* und einer *›fruchtbaren‹* Frau; Sarah bietet ihre Arbeitskraft für meine Gebärfähigkeit.« Ich unterstrich ausdrücklich, daß mir nie der Gedanke an Prostitution gekommen sei, weil ich nicht das Gefühl hätte, mich an einen Mann verkauft zu haben. So gesehen, fanden auch Laurance und Marithé meine Interpretation verständlich. Nach all dem schien ihnen die Aufkündigung meiner Zusammenarbeit mit CEFER/Geller nicht weiter verwunderlich.

Laurance fragte, ob ich noch bereit sei, »sous X« (unter »X«) zu entbinden, wobei ich selbstverständlich auch als »Leihmutter« das Recht hätte, den ärztlichen Beistand selbst zu bestimmen und keine Menschen an mich heranzulassen bräuchte, denen ich nicht vertraue. Unter der Voraussetzung, mich mit meinem richtigen Namen in der Klinik anmelden zu können und lediglich in der Geburtsurkunde »anonym« zu bleiben, war ich einverstanden.

Laurance erklärte mir noch, daß ich auch als »Madame X« eine gesetzliche Frist von drei Monaten hätte, innerhalb derer ich das Recht besäße, meinen Anspruch auf das Kind namentlich als leibliche Mutter geltend zu machen. (Danach würde unwiderruflich Sarahs Name in die Geburtsurkunde eingetragen.) Eine kleine Schwierigkeit gäbe es allerdings, schränkte Laurance ein. Obwohl die Entbindung »sous X« legal sei, läge es im Ermessen der Hebamme bzw. der GeburtshelferIn und/oder der Klinik, so zu verfahren. Es mußte also eine Hebamme und eine Klinik gefunden werden, die dazu bereit waren und außerdem die »Sanfte Geburt« praktizierten.

Nach kurzem Nachdenken rief Marithé Colette, eine befreundete Hebamme an, die ausschließlich nach der Methode Léboyers verfahre. In groben Zügen unterbreitete ihr Marithé Sarahs und mein Anliegen, worauf sich Colette sofort bereit fand, noch am frühen Nachmittag desselben Tages mit mir zu sprechen.

Nachdem ich mit den C.O.D.I.F.-Frauen den menschlichen und auch organisatorischen Geburtsverlauf besprochen hatte, kam Marithé zum nächsten Punkt: meine Unterbringung bis zur Entbindung. Eine Rückkehr zur *Ferme* hielten beide Frauen für wenig ratsam. Ein Hotelzimmer käme angesichts meines Zustandes auch kaum in Betracht, gab Marithé zu bedenken. Aber auch hier fand sich alsbald eine Lösung. Laurance schlug vor, daß ich die Zeit vor der Geburt am besten in einem Mütterheim in Marseille verbringen sollte. Ich hatte nichts dagegen einzuwenden.

Ein kurzes Telefonat mit der Heimleitung ergab, daß ein Platz für mich vorhanden sei und ich nach der Mittagspause vorbeikommen könne. Nachdem alles geklärt war, fühlte ich mich stark genug, bei Sarah anzurufen. Zuvor hatten mich die C.O.D.I.F.-Frauen davor gewarnt, jetzt schon die Adresse des Mütterheims preiszugeben. Es sei besser, mich mit Sarah zu einem klärenden Gespräch in einem Café zu treffen.

Roger war am Apparat; er habe meinen Anruf bereits erwartet, sagte er in freundlichem Ton. Er wisse nicht genau, was zwischen Sarah und mir vorgefallen sei, aber sie sei am späten Vormittag völlig aufgelöst nach Hause gekommen und habe gestammelt, daß ich abgereist sei. Er habe ihr versichert, daß er sich das nicht vorstellen könne. Zwei zu null für dich! dachte ich unwillkürlich. Ich erfuhr, daß sie stundenlang geweint hatte und jetzt endlich erschöpft eingeschlafen sei. Als ich das hörte, wußte ich nicht, welches Gefühl stärker in mir war, Genugtuung oder Mitleid. Ich verabredete mit Roger ein Treffen für den nächsten Tag. Ich bat ihn, mein zurückgelassenes Gepäck, das noch nicht entdeckt worden war, mitzubringen. Er solle Sarah ausrichten, daß ich ihr nicht mehr böse sei und ihr vorschlage, sich ebenfalls mit Marithé oder Laurance in

Verbindung zu setzen. Nachdem Roger Adresse und Telefonnummer von C.O.D.I.F. notiert hatte, verabschiedeten wir uns »à demain«.

Nach einem gemütlichen Mittagessen im Hause der C.O.D.I.F. brachten mich Marithé und Laurance zum Mütterheim. Wir hatten beschlossen, der Heimleitung nur die halbe Wahrheit zu erzählen: »Der Vater des Kindes ist ein Franzose aus der näheren Umgebung Marseilles. Deshalb möchte ich das Kind hier zur Welt bringen. Das Landhaus, wo ich mich bis jetzt aufgehalten habe, liegt einsam und abgelegen. Er ist oft, auch über längere Zeit, unterwegs. Weil wir außerdem kein Telefon haben, habe ich Angst, allein und hilflos zu sein, wenn die Wehen einsetzen.« Das genügte. Die Heimleiterin stellte keine weiteren Fragen. Sie verlangte lediglich Einsicht in meinen Mutterpaß und den Personalausweis.

Ich mußte die Hausordnung lesen und sie durch meine Unterschrift anerkennen. Es waren die üblichen Vorschriften und Gängeleien, die gemeinhin für solche Heime gelten: Besuch ist nur in der Zeit von ... bis ... gestattet, wobei die Zimmer nur von den Heiminsassinnen betreten werden dürfen; es ist strengstens untersagt, sein Kind einer anderen Mutter zur Beaufsichtigung zu überlassen; ferner ist jede Frau dazu verpflichtet, täglich ihr Zimmer aufzuräumen und zu säubern, sowie turnusmäßig die gesamte Wohnetage und die Sanitäranlagen zu reinigen ... Nachdem ich behauptet hatte, alles genau verstanden zu haben, blieb ich von weiteren Belehrungen bezüglich Ruhe, Ordnung, Sauberkeit und Disziplin verschont. Laurance und Marithé warteten im gartenähnlichen Vorhof, während ich mir das Zimmer zeigen ließ. Ich war zufrieden; der Raum war schmucklos, aber groß und sauber, und enthielt auch eine Waschecke mit fließend warmem Wasser. Es war ein Doppelzimmer, aber zu meiner Freude war das andere Bett noch nicht belegt. Mir war nicht danach, etwaige Fragen einer Mitbewohnerin zu beantworten. Ich hätte dabei zwangsläufig lügen müssen.

Marithé fragte besorgt, ob ich mich hier wohlfühlen könne. Nachdem ich ihr versichert hatte, daß alles okay sei, fuhren wir zu der Hebamme.

Die Begrüßung durch Colette war überaus herzlich; sie verbreitete eine Heiterkeit, die ansteckte. Sie bedauerte, daß sie mir wahrscheinlich nicht mehr selbst bei der Geburt beistehen könne, da sie in einer Woche verreise. Nachdem sie durch Laurance über die Einzelheiten der Entbindung »sous X« informiert war, rief sie zuerst eine Klinik in Marseille an, wo sie selbst auch Entbindungen durchführte, wenn Komplikationen zu erwarten waren. Dort erhielt sie jedoch eine Ablehnung. Beim zweiten Versuch, es handelte sich dabei um dieselbe Klinik, die ich zwei Tage zuvor gemeinsam mit Sarah besucht hatte, hatten wir mehr Glück. Während des Telefonats notierte Colette zwei Termine für mich. In dieser Klinik habe zwar noch nie eine »Madame X« entbunden, aber es bestünden keine Einwände dagegen; eine der Gynäkologinnen habe ihre Unterstützung bereits zugesagt, meinte Colette nach dem längeren, teilweise recht amüsanten Gespräch. Obwohl die Angelegenheit erst noch von allen Hebammen und GynäkologInnen diskutiert und beschlossen werden mußte, war Colette sicher, daß es klappen würde.

Nach meinem Verhältnis zu Sarahs Kind befragt, erklärte ich, es sei für mich so fremd, als ob es sich um die Folge einer Vergewaltigung handele. Im selben Moment, in dem ich das sagte, spürte ich, daß dies nicht mehr ganz der Wahrheit entsprach, obwohl ich es die ganzen letzten Monate so empfunden hatte. Colettes Angebot, an ihrem Geburtsvorbereitungskursus teilzunehmen, nahm ich mit Feuden an. Schon an diesem Nachmittag sollte ich die erste Gelegenheit dazu bekommen, was meine gute Laune noch um einiges hob. Bis dahin würde sie dann auch die endgültige Entscheidung der Klinik in (Ort) erhalten haben.

Von Marithé und Laurance wortreich unterstützt, erzählte ich Sarahs Geschichte und mein wechselndes Verhältnis zu ihr.

Colette folgte der Schilderung aufmerksam. Wie zuvor schon die C.O.D.I.F.-Frauen äußerte auch Colette den Wunsch, persönlich mit Sarah zu sprechen. Sie fand, daß sie sich in einer noch weitaus schwierigeren Lage befände als ich. Laurance und Marithé stimmten Colette zu, daß auch die »Auftraggebermutter« eine Geburtsvorbereitung dringend nötig hätte. Sie fanden es unverzeihlich, daß CEFER/Geller auf diesen »Service« verzichtete.
Langsam begann auch ich, Sarahs Situation besser zu verstehen. Da Colettes Geburtsvorbereitungskurs erst in zwei Stunden stattfinden sollte, schlug Marithé mir vor, mich vorher noch ein wenig hinzulegen.
Nachdem mich Colette zum Abschied ermunternd und tröstend umarmt hatte, brachte mich Marithé zurück ins Mütterheim. Dankend nahm ich ihr Angebot an, mich am späten Nachmittag zu Collettes Kurs wieder abzuholen. Auch Marithé nahm mich noch einmal fürsorglich in ihre Arme, bevor sie sich wieder auf den Weg machte.
Auf der Fahrt zu Colette plauderten wir ein wenig über unsere sonstigen Aktivitäten, und ich erfuhr, daß Marithé zwei Kinder hatte und neben ihrem Engagement für C.O.D.I.F. auch noch Theaterstücke schrieb, bei denen sie meist auch mitwirkte. Ich fragte, woher diese kleine zierliche Frau die Kraft nahm, Muttersein, aktiven Emanzipationskampf und Theaterspiel gleichzeitig zu bewältigen.
»Weil's Spaß macht«, meinte sie augenzwinkernd, obwohl sie zugab, daß es sie manchmal ganz schön schlauchte. Auch an diesem Tag stand für sie noch einiges auf dem Programm, weshalb sie mich nur kurz vor Colettes Praxis absetzte, um sofort wieder durchzustarten, nachdem sie mir noch versichert hatte, daß sie sich auch um Sarah kümmern würde.
Colette begrüßte mich herzlich. Bis zum Erscheinen der übrigen Kursteilnehmerinnen blieb uns noch ein wenig Zeit zum Reden. Colettes zweiter Anruf bei der Klinik in (Ort) war positiv verlaufen; die Krankenhausverwaltung werde die Entbin-

dung ganz normal mit meiner Krankenkasse abrechnen, wobei in der amtlichen Geburtsurkunde »Madame X« stünde. Colette teilte meine Freude über den voraussichtlich doch noch glücklichen Ausgang meiner »Leihmutterunternehmung«.

Der Geburtsvorbereitungskurs, an dem noch sechs oder sieben weitere Schwangere teilnahmen, verlief in einer fröhlichen Atmosphäre. Colette mischte sich mit Witzen und Scherzen in die Unterhaltung ihrer Kursteilnehmerinnen ein und hörte sich auch deren Sorgen und Probleme an, die sie oft mit einer heiteren Bemerkung entschärfen konnte. Nachdem sie anhand von Zeichnungen das Geburtsgeschehen in teilweise amüsanter Weise erklärt hatte, folgten Atem- und Entspannungsübungen, die von harmonisch-meditativen Klängen aus einem Kassettenrekorder begleitet wurden.

Ein Satz von Colette blieb mir an diesem Nachmittag ganz besonders im Gedächtnis haften: »Wir haben Angst, Angst zu haben; wenn wir Angst haben, sind wir nicht entspannt, was wir aber sein müßten, damit die Geburt schmerzarm und problemlos vor sich geht. Es gibt keinen Grund, sich zu fürchten, wenn wir selbst ruhig und gelassen dabei sind.«

Beim Abendessen im Mütterheim sah ich zum ersten Mal die anderen Mitbewohnerinnen. Frauen aus allen Kontinenten hatten hier Zuflucht gefunden; viele waren schwanger, einige waren mit mehreren Kindern dort. Es gab bildhübsche, stolze Araberinnen wie aus Tausendundeiner Nacht und schwarze Schönheiten mit kunstvoll geflochtenen Haaren, neben verlebt und erschöpft aussehenden »grauen Mäusen«. Der Anteil weißer Französinnen machte vielleicht ein Viertel der Bewohnerinnen aus. Es blieb bei Blickkontakten und vorsichtigem, zaghaft-unaufdringlichem Beschnüffeln, ohne daß ich mit einer der Frauen an diesem Abend gesprochen habe.

Bevor ich wieder auf mein Zimmer ging, rief ich Lutz an, um ihn vorab über die Ankunft meines »Katastrophenberichts« zu informieren. Ich gab ihm eine Kurzfassung der Ereignisse. Er wurde wütend über Sarahs mangelndes Verständnis für meine Situation. Statt mir zu helfen, scheine sie es darauf anzulegen, mich leiden zu sehen. Ich gab zu bedenken, daß ich inzwischen verstehen könne, daß auch Sarah in einer sehr schwierigen Lage sei, daß sie vielleicht noch mehr als ich litte, was viele ihrer Reaktionen, wenn auch nicht gerade entschuldbar, so doch zumindest verständlich mache. Lutz konnte mir noch nicht völlig zustimmen, aber sein Groll gegenüber Sarah verzog sich.

»Du wirst das schon machen. Ich *weiß,* daß du die Kraft hast, dich durchzusetzen. Du bist stark, glaube mir!« munterte er mich auf.

Um Aglaya bräuchte ich mir keine Sorgen zu machen. Wenn die Sehnsucht nicht wäre, würde es ihr und ihm an nichts fehlen. Das Gespräch endete mit beiderseitigen Sehnsuchts- und Liebeserklärungen, bis alle meine Münzen verbraucht waren. Im Bett begann ich einen versöhnlich erklärenden Brief an Sarah zu schreiben, der aber nicht mehr fertig wurde, weil ich mich nicht länger gegen mein Schlafbedürfnis wehren konnte und wollte.

10. Tag

Roger erschien allein zum Treffpunkt. Er wirkte ebenso offen, freundlich unbefangen wie bei unserer ersten Begegnung. Halb amüsiert, nahm er meine Schilderung des Streits bis hin zur tätlichen Eskalation zur Kenntnis. Grinsend bemerkte er, daß Sarah und ich ähnliche Charaktere besäßen, wobei Sarah ihm ihre Reaktion auf meine dritte Kettenzigarette schamhaft verschwiegen hatte.

»Ich glaube, ich hätte an ihrer Stelle ebenso reagiert«, meinte ich. Ich sagte ihm, daß ich nun mit Hilfe der C.O.D.I.F.-Frauen und einer Marseiller Hebamme einen Weg gefunden hatte, sowohl Sarahs als auch meinen Wünschen gerecht zu werden. Die betreffende Klinik kenne Sarah bereits. Ich nannte ihm die beiden Termine, die Colette mit der Klinik in (Ort)

vereinbart hatte und gab ihm die Adressen von C.O.D.I.F und Colette. Sarah sollte mit beiden Kontakt aufnehmen. Im Anschluß an unser Gespräch übergab er mir noch einen Briefumschlag mit einigen hundert Francs, damit ich auch im Restaurant essen könne, wenn die Mahlzeiten im Mütterheim ungenießbar sein sollten.
Am übernächsten Tag sollte ich mit Sarah zusammen ein zweites Mal nach (Ort) fahren. Ich bat Roger, ihr auszurichten, daß wir uns vorher im selben Café treffen sollten. Für mich gab es keinen Grund mehr, die Adresse des Heims länger geheimzuhalten, so daß Roger mich direkt vor die Tür bringen konnte.

11. Tag

Ich verbrachte einen ruhigen Tag, an dem ich den Brief an Sarah endlich fertig brachte:

Liebe Sarah!

Du glaubst gar nicht, wie leid mir alles tut. Ich habe völlig cholerisch und überempfindlich reagiert. Du bist nervlich genauso fertig wie ich.
Roger hat mir gesagt, daß Du den ganzen Freitagvormittag verzweifelt geweint hast, genau wie ich zwei Tage zuvor (wegen der Gynäkologin).
Ich hatte einfach einen Horror vor ihr, den ich rational gar nicht begründen kann, was umso schlimmer ist.
Daß ich vor Deinen Augen Kette geraucht habe, war auch wirklich eine gemeine Provokation; an Deiner Stelle wäre ich daraufhin genauso ausgerastet.
Als Du von »Bestechungsgeldern« gesprochen hast, hatte dies was Kriminelles an sich, was so gar nicht zu einem legalen Vorgang paßt. Die Bestechung kannst Du Dir jetzt sparen.
Ich habe die ganze Nacht (Freitag-Samstag) nicht geschlafen und stattdessen Gedankenmühlen bis zum Wahnsinn gedreht. Gegen sieben Uhr morgens habe ich mich heimlich davon-

geschlichen. Ich habe es einfach nicht mehr ausgehalten und mußte mit unbeteiligten Menschen reden. Wie Du weißt, habe ich die Adressen verschiedener Marseiller Frauenorganisationen.

Keine Angst! Sie sind wirklich sehr diskret, und ich habe im Gespräch mit den Frauen von C.O.D.I.F. auch Deine Reaktionen und Gefühle besser verstanden.

Die juristische Beratungsfrau hat mir das Verfahren »Madame X« verständlich auseinandergesetzt. Es ist nicht notwendig, jemanden zu bestechen. Die Frauen haben herumtelefoniert, um Hebammen bzw. GynäkologInnen, die eine Sanfte Geburt durchführen, zu finden. Wir sind — oh Wunder —, wieder in (Ort) gelandet. Schön, nicht war?

Eine der C.O.D.I.F. nahestehende Hebamme hat sich mit einer Kollegin in (Ort) in Verbindung gesetzt, und diese hat die Sache mit der gynäkologischen Leitung besprochen: Die Entbindung findet unter »X« statt, wird aber trotzdem mit der Kasse abgerechnet. Wenn ich nicht selbst innerhalb von drei Monaten die Mutterschaft erkläre, bleibt »mère inconnue«. Alles d' accord?

Du mußt die Frauen von C.O.D.I.F. kennenlernen; Mißtrauen ist wirklich nicht angesagt; sie kümmern sich mit großem persönlichen Einsatz und echtem Engagement um die ratsuchenden Frauen. Ihre menschliche Wärme hat mir gutgetan. Ich mußte mich einfach aussprechen. Sie sind gegenüber der übernommenen Mutterschaft völlig unvoreingenommen und interessieren sich natürlich sehr für die Motivation und Probleme der Frauen, die einen solchen Weg wählen wie wir.

Die Solidarität zwischen Frauen ist unbedingt notwendig, wenn wir uns nicht von dubiosen Institutionen gängeln lassen wollen. Du und ich, wir sind beide keine einfachen Charaktere. Daher bin ich froh, mit Hilfe der C.O.D.I.F. zu einer für alle Beteiligten optimalen Lösung gekommen zu sein.

Ich gebe zu, mich wie ein bockiges Kind verhalten zu haben. In gewisser Hinsicht bin ich nie erwachsen geworden; auf der

anderen Seite habe ich gelernt, mich nie soweit auf jemanden zu verlassen, daß ich mich ausliefere.
Unselbständigkeit und Bevormundung provozieren bei mir Aggressionen, die dann nur allzu leicht eskalieren und jede sachliche Auseinandersetzung unmöglich machen.
Wie die Geburt verläuft, ist vor allem für das Kind sehr wichtig. Wenn ich mich nicht entspannen kann, wird eine Sanfte Geburt unmöglich. Ich lasse mir die Entscheidung über meinen Körper von niemandem nehmen. Ich werde an dem Ort und mit den Menschen, die mir gefallen, entbinden.
Entspannung, Ruhe, Gelassenheit und menschliche Wärme sind wichtiger, als eine noch so hoch entwickelte Technik.
Geburt ist keine Krankheit, sondern ein natürlicher Vorgang, dessen Verlauf entscheidend von der Stimmung der Gebärenden und ihren Gefühlen zu den Menschen, die ihr beistehen, abhängt. Eine komplikationslose Entbindung ist geradezu unmöglich, wenn die Frau nervös und verkrampft ist. Ich will, genau wie Du, das Beste für das Kind. Es liegt an uns, ob es ein glücklicher Start ins Leben wird oder aber das erste Trauma. Warum soll es nicht genauso harmonisch das Licht der Welt erblicken wie Aglaya?
Es ist nicht wahr, daß ich keine Gefühle zu dem in mir wachsenden Leben habe; ich bin schließlich kein Automat oder eine »Gebärmaschine«. Ich habe ihm das Beste gegeben, was ich konnte.
Es hat mir einen Stich versetzt, von Dir Pläne zu hören, das Baby schon von Anfang an fremden Menschen anzuvertrauen. Ich liebe dieses kleine Geschöpf ohne einen Besitzanspruch; ich habe ohnehin nicht die Kraft, ihm das Gleiche an Liebe und Zärtlichkeit zu geben wie Aglaya.
Laß Dir, wenn irgend möglich, Zeit, die materielle Seite wieder auf die Reihe zu kriegen. Denn das, was Du im ersten Lebensjahr investierst, kannst Du nie mehr nachholen; es ist von entscheidender Bedeutung für die gesamte spätere Entwicklung.

Nicht von ungefähr bezeichnen die Erziehungswissenschaftler das erste Lebensjahr als »extrauterine Einheit von Mutter und Kind«. Physiologisch betrachtet, kommt der Mensch, gemessen an seiner Entwicklungsstufe, im Vergleich zu anderen Säugern, ein Jahr zu früh auf die Welt und braucht daher verständlicherweise ein Höchstmaß an Zuwendung und Geborgenheit. Das heißt aber nicht, daß Du Dich ständig mit ihm beschäftigen mußt; damit würdest Du es zum Tyrannen erziehen. Aber es muß trotzdem das Gefühl bekommen, daß Ihr immer für es da seid.

Du hast Dir soviel Mühe gegeben, mir kleine Freuden zu bereiten, und ich habe es Dir nicht gedankt. Das tut mir aufrichtig leid. Deine ganzen Aktivitäten, die Du dabei entwickelt hast, haben mich nur genervt und mißtrauisch gemacht. Mein Undank für Deine rührenden Bemühungen war dann nur noch Streß und Frustverstärker für uns beide. Jetzt, wo ich Abstand zu Dir habe, sehe ich die Dinge wieder anders.

Ich gehe nicht gern rückwärts, sondern ziehe es vor, im »Hier und Jetzt« Zukunftspläne zu schmieden. Ich weiß wohl, daß die Wirklichkeit anders sein wird als die Vorstellung davon. Überraschungen sind aber gerade das Reizvollste am Leben. Das schlimmste ist Langeweile, womit ich zum Glück wenig Bekanntschaft gemacht habe. Mit mir allein langweile ich mich nie.

Seit Aglaya da ist, ist die Zeit, die ich allein habe, viel zu kostbar, um sie mit Langeweile zu verschwenden.

Du weißt genau, daß ich das Geld nicht brauche, um mir Konsumträume zu erfüllen. Vielmehr bedeutet es eine Chance, dem drohenden sozialen Abstieg und dem Elend, das in Berlin unweigerlich vorgezeichnet ist, noch einmal zu entkommen.

Diese Schwangerschaft ist das größte Opfer, daß ich für die gesicherte Zukunft meiner Tochter bringen kann. Sie zu verlieren wäre das Schrecklichste, das passieren könnte. Ich weiß, daß ich nicht die Kraft hätte, das zu überstehen.

Es kränkt mich, wenn Du mir das Gefühl zu vermitteln versuchst, ich sei ein kaltes, geldgieriges Monster. Es geht mir nicht ums nackte Geld, schließlich will ich mir keinen Mercedes kaufen, sondern es geht um das Glück meines Kindes.
Deswegen versuche ich alle Risiken, die sich nur irgendwie vermeiden lassen, auszuschließen, einschließlich der Gefahr der Kriminalisierung »unserer« Sache. Ich stehe zu allem, was wir tun. Es besteht kein Grund, sich zu verstecken, genausowenig, wie alles in der Welt herumzutratschen.
Ein Höchstmaß an Diskretion ist auch in meinem Interesse. Ich denke, Du verstehst, was ich meine, genauso wie ich langsam lerne, Deine Ängste und Sorgen ernstzunehmen. Ich wünschte, ich könnte Dir ein Kind schenken, anstatt es zu »verkaufen«; aber das liegt nicht in meiner Macht. Doch ich will nicht, daß der schnöde Mammon oder die Mühlen der Bürokratie weiterhin zwischen uns stehen.

Liebe Grüße
Auf bald
Felicitas

Am Abend warf ich den Brief ein, in der Hoffnung, er würde Sarah noch vor unserem Wiedersehen erreichen. Ich wollte, daß unser Streit vollständig beigelegt und alle Mißverständnisse ausgeräumt wären, bevor wir zusammen mit Hebammen und GynäkologInnen in (Ort) sprechen würden.
Spät am Abend klopfte es leise an meine Zimmertür. Ich gab keine Antwort. Wieder ertönte ein Klopfen, diesmal energischer, so daß ich mich genötigt fühlte zu öffnen. Es war die Nachtwache. Sie warf einen kurzen Blick ins Zimmer und wünschte mir eine gute Nacht.

12. Tag

Beim Frühstück erfuhr ich, daß nächtliche Kontrollgänge mit Stippvisiten zum Service dieser Institution gehörten. Manche fühlten sich dadurch beschützt und sicher; andere verglichen das Heim mit einem Gefängnis. Da mein Aufenthalt in dieser Zufluchtsstätte ohnehin nicht von langer Dauer sein würde, beteiligte ich mich nicht an der Diskussion.

Als ich am Nachmittag im Café eintraf, war wieder nur Roger gekommen.

»Sarah ist krank — wirklich; es ist nicht so, daß sie dich nicht sehen will. Sie kann nicht; sie ist schon kurz vor Mittag zusammengebrochen und kann sich kaum auf den Beinen halten«, entschuldigte er ihre Abwesenheit.

Auf der Fahrt zum Krankenhaus tauschten wir nur ein paar belanglose Worte.

Ich wußte selbst nicht genau, was uns bei diesem Termin erwartete. Wir mutmaßten, daß es sich um eine medizinische Untersuchung handelte, wobei ich Rogers Anwesenheit als überflüssig erachtete. Er bot von sich aus an, auf dem Parkplatz auf mich zu warten.

Wie sich herausstellte, war dieser Nachmittag als allgemeine Einführung für alle Schwangeren und deren Angehörige gedacht. Wir besichtigten dieselben Räumlichkeiten, die ich zuvor schon mit Sarah begutachtet hatte. Eine Hebamme erklärte uns die Art und Weise der Entbindung. Ich erfuhr, daß außer einer Physiotherapeutin, die den Frauen helfen sollte, nach der Geburt ihre alte Form wieder zu erlangen, auch eine Psychologin zur Verfügung stünde, wobei alle angebotenen Leistungen von der Krankenkasse gedeckt würden. Im Anschluß an die offizielle Veranstaltung sprach ich noch kurz allein mit einer Hebamme und einer Säuglingsschwester. Beide waren über meine »Leihmutterschaft« informiert und bestätigten, daß es keinerlei Schwierigkeiten für Sarah oder mich geben würde.

Der genaue bürokratische Ablauf würde Sarah und mir bei unserem nächsten Termin von einer Gynäkologin noch einmal detailliert auseinandergesetzt. Bei dieser Gelegenheit würde ich vermutlich auch untersucht.

Auf der Rückfahrt nach Marseille erzählte Roger, Sarah habe bereits mit Marithé gesprochen.

13. Tag

Nach dem Frühstück begab ich mich zu C.O.D.I.F. Ich war neugierig darauf, wie das Gespräch mit Sarah verlaufen war. »Glaub mir, Sarah meint es nicht schlecht mit dir. Sie ist nur etwas hilflos, weil sie die Schwangerschaft anders erlebt als du, zumal niemand sie auf das, was auf sie zukommt, vorbereitet hat. Sie hatte keine Gelegenheit gehabt, sich auf ihre Mutterschaft einzustellen«, erklärte Marithé. Sie beklagte, daß CEFER/Geller es so sträflich vernachlässigten, den betroffenen Frauen psychologische Hilfestellung zu leisten.

Am Nachmittag unternahm ich einen kleinen Spaziergang, der mich aber bald wieder hinter die schützenden Mauern des Mütterheims zurücktrieb; die Anmache der Marseiller Gockel ging mir auf die Nerven. Ich war schockiert, daß diese unverschämten Chauvi-Idioten noch nicht einmal davor zurückschreckten, hochschwangere Frauen zu belästigen.

Im Mütterheim erfuhr ich, daß eine Frau Duval angerufen habe. Sofort rief ich zurück. Das Gespräch mit Sarah war eine herbe Enttäuschung. Sie hatte meinen Brief immer noch nicht erhalten. Zwar war sie froh, daß nun die C.O.D.I.F.-Frauen als neutrale Instanz zwischengeschaltet seien, aber trotzdem zeigte sie noch immer keinerlei Verständnis für meine Entscheidungen.

»Wir hätten über alles reden können«, lautete ihre stupide Antwort.

Wie hätten wir denn miteinander reden können, da keine von uns bereit war, der anderen zuzuhören oder abzuwarten, bis sie zu Ende gesprochen hatte? Halbe Sätze führen zwangsläufig zu Mißverständnissen. Auf Mißverständnis kann kein Vertrauen wachsen. Vertrauen ist die Voraussetzung für wahres Verständnis: wo es nicht vorhanden ist, ist jedes Wort vergebens, jede Kommunikation sinnlos.

Das war die schmerzhafte Erkenntnis, die sich mir bei diesem Telefonat offenbarte. Sarah war immer noch blind und taub für jede Einsicht und jammerte mir die Ohren voll, wie schlecht es ihr ginge. Noch einmal kam sie auf das Fahrrad zu sprechen, wobei sie eigensinnig darauf beharrte, daß Radfahren in der Schwangerschaft schädlich sei, obwohl ich das Thema längst abgehakt hatte.

Ich spürte deutlich, daß sie es psychisch nicht verkraften konnte, daß ich *ihr Wunschkind* zur Welt bringe und daß ich bis zur Durchtrennung der Nabelschnur die alleinige Verantwortung dafür trage. Ich war heilfroh, als die unselige Unterredung endlich vorbei war.

Mein Körper gehört mir! Niemand hat das Recht, darüber zu verfügen! schrieb ich trotzig mit großen Buchstaben in meine Aufzeichnungen.

Der Appetit aufs Abendessen war mir gründlich vergangen. Außerdem hatte ich auf dem Anschlagbrett im Eßsaal auf einer Liste auch meinen Namen entdeckt. Am nächsten Morgen sollte ich mich zur gynäkologischen Untersuchung im Erdgeschoß des Mütterheims einfinden. Die Vorstellung, mich schon wieder von fremden Händen anfassen lassen zu müssen, behagte mir ganz und gar nicht.

Ich schlief unruhig und sah im Traum immer wieder Sarahs verständnisloses Gesicht. Das Baby in meinem Bauch strampelte heftig. Plötzlich überkamen mich wieder die Gefühle, die ich die ganze Schwangerschaft über versucht hatte zu verdrängen: Es ist *mein* Kind, mein Fleisch und Blut!

14. Tag

Fest entschlossen, mich vor der gynäkologischen Untersuchung zu drücken, blieb ich nach dem Frühstück in meinem Zimmer in der Hoffnung, daß niemand meine Abwesenheit bemerken würde. Das Telefonat mit Sarah steckte immer noch wie ein Stachel in meiner Seele, und ich bezweifelte ernsthaft, ob sie eine liebende Mutter abgeben würde. Plötzlich überkam mich eine furchtbare Angst, mit diesem Kind einen Teil meiner selbst zu verlieren und eine finstere Depression ergriff Besitz von mir.

Ich zweifelte an meiner Kraft, meine Leihmutterschaft bis zu Ende durchzustehen.

Ein barsches Klopfen an meiner Zimmertür schreckte mich auf. Ich rührte mich nicht, wünschte mir, mich in Luft auflösen zu können. Von außen wurde ein Schlüssel ins Schloß gesteckt. Wegen der Blockade durch meinen Schlüssel konnte sie nicht aufschließen, aber ich hatte dadurch meine Anwesenheit verraten. Ich ärgerte mich, daß ich nicht die Energie gehabt hatte, das Heim für die Dauer der Untersuchung zu verlassen. Unwillig mußte ich öffnen.

Mein Einspruch, ich sei vergangene Woche erst untersucht worden, wurde nicht akzeptiert. Laut Heimordnung war die Konsultation des Frauenarztes für alle schwangeren Heiminsassinnen verpflichtend. Mit gesengtem Kopf und dickem Kloß im Hals folgte ich der Heimangestellten.

Vor dem Untersuchungszimmer waren die anderen Schwangeren schon versammelt. Die Angestellte teilte an alle Frauen Pappbecher aus. Nachdem wir alle nacheinander auf der Toilette die Becher gefüllt hatten, wurden wir einzeln ins Untersuchungszimmer gerufen. Alle Frauen schienen bedrückt. Ich hörte kein Lachen. Fast alle Frauen rauchten.

Die Heimangestellte blieb im Untersuchungszimmer und war, wie selbstverständlich, bei der Untersuchung dabei. Der Gynäkologe war ein schon etwas älterer Mann, der an einer dem Heim nahegelegenen Klinik tätig war, wo auch die meisten Heiminsassinnen entbanden. Artig legte ich meinen Mutterpaß vor, wobei ich ihm die einzelnen Eintragungen übersetzte. Einige der Daten übertrug er in einen neuen französischen Mutterpaß. Er befragte mich nach dem Vater des Kindes. Ich gab ihm dieselbe Antwort wie zuvor der Heimleitung. Dann wollte er wissen, wie ich zu meinen Eltern stünde. Ich erklärte, daß sie nichts von meiner Schwangerschaft wüßten, da ich nur noch sporadischen Kontakt mit ihnen hätte. Zuletzt stellte er die Frage nach meiner letzten Regelblutung. Brav wiederholte ich das Datum, das Sarah in der Praxis der Ansellem ausgerechnet hatte. Er kam merkwürdigerweise zum selben Resultat wie seine Kollegin.

Bleiben denn französische Babys fünf Tage länger im Mutterleib als deutsche? fragte ich mich.

Glücklicherweise wies der Gynostuhl des Mütterheims den Luxus einer frischen Papierunterlage auf. Zuerst kontrollierte der Arzt die kindlichen Herztöne. Danach folgte die vaginale Tastuntersuchung, wobei er mir mit seinen dicken Fingern sehr weh tat, weil ich ziemlich verkrampft war. Er stellte eine leichte Öffnung des Muttermundes fest. Die abschließende Gewichtskontrolle ergab, daß ich in der vergangenen Woche zweieinhalb Kilo abgenommen hatte. Meinen besorgten Blick beantwortete der Gynäkologe mit väterlich-jovialem Lächeln; das Baby würde nicht darunter leiden, sondern nehme sich, was es brauche, notfalls aus meinen körpereigenen Reserven. Er drückte mir den neuen französischen Mutterpaß in die Hand und wünschte mir viel Glück. Später entdeckte ich, daß er im Mutterpaß an der Stelle, wo nach familiären und sozialen Problemen gefragt wurde, jeweils ein Kreuzchen gemacht hatte.

15. Tag

Ich erwachte mit bleischweren Knochen. Kurz kam mir der Gedanke, C.O.D.I.F. aufzusuchen, um mir ein wenig Kummer von der Seele zu reden. Aber dann bezweifelte ich, daß Marithé oder Laurance mir diesmal helfen konnten. Sie hatten bereits alles in ihrer Macht Stehende für mich getan.

Ich brachte es noch nicht einmal fertig aufzustehen, um zu frühstücken und döste bis zum Nachmittag im Bett vor mich hin. Laß dich nicht so gehen! schalt mich meine innere Stimme. Du hast dich selbst in diese Situation gebracht, also sieh zu, wie du damit fertig wirst!

Immerhin gab es einen Lichtblick, es war der zweite Kurstag bei Colette. Bevor ich mich auf den Weg zu ihr machte, legte ich Rouge, Wimperntusche und Lippglos auf. Mit erhobenem Kopf und zur Schau gestelltem Lächeln durchschritt ich den Vorhof des Mütterheims. Ich wollte nicht, daß mir jemand ansähe, wie dreckig es mir ging.
Als ich bei Colette eintraf, waren die meisten Kursteilnehmerinnen bereits versammelt. Es herrschte wieder eine angenehm heitere Stimmung, die mich aber diesmal nicht anstecken konnte. Colette begrüßte mich mit warmer Herzlichkeit und fragte nach meinem Befinden. Ihr gegenüber konnte ich nicht lügen:
»Es geht nicht so gut. Ich habe über zwei Kilo abgenommen.«
»Das sind deine Sorgen. Komm, wir sprechen darüber! Die anderen können warten.« Sie zog mich an der Hand in einen Nebenraum.
»Ich gebe einem Kind das Leben, aber ich habe furchtbare Angst, dadurch einen Teil meiner selbst zu verlieren«, brach es aus mir heraus.
»Ich verstehe, was du sagen willst.« Colettes Augen begannen feucht zu glänzen. »Ich fühle dasselbe. Jedesmal, wenn ich einem Baby auf die Welt helfe, geht ein Stück meiner Seele mit ihm.« Noch während sie sprach, sah ich, wie ihr die Tränen kamen. Fast gleichzeitig mußte auch ich weinen.
»Weine nur! Das tut dir gut.« Sie nahm mich in ihre Arme. »Was du tust, ist gut.«
»Ich habe Angst«, schluchzte ich.
»Du brauchst keine Angst zu haben, du bist stark.«
»Es macht mich traurig, daß Sarah so wenig Verständnis zeigt. Es geht doch auch um ihr Kind. Es kann ihr doch nicht gleichgültig sein, wie es zur Welt kommt.«
»Du mußt sie lieben! Du mußt alles lieben, was lebt! Sie leidet mehr als du. Dich schwanger zu sehen, gibt ihr das Gefühl der Unvollkommenheit.«
»Sie ist völlig blockiert. Sie ist krank.«

»Ja, das ist wahr, denn sie ist es, die *jetzt* in den Wehen liegt. Sie muß deine Probleme verdrängen. Während der Entbindung ist eine Frau nur mit sich und dem Baby beschäftigt: da hat kein anderer Gedanke Platz. So geht es Sarah im Augenblick. Ihr seid beide wundervolle Frauen. Aber sie braucht Hilfe nötiger als du. Glaube mir, bald wird auch sie alles verstehen. Wir alle wollen, daß dieses Kind, das mit soviel Liebe erwartet wird, einen glücklichen Start ins Leben hat. Marithé hat bereits mit ihr gesprochen, und ich möchte auch mit ihr reden.«

Mein Herz wollte Collettes Worten Glauben schenken, doch mein Verstand wehrte sich dagegen: Sie hatte Sarah doch noch gar nicht persönlich kennengelernt. Woher konnte sie wissen, wie Sarah empfand? Ich dachte mir, daß Colette mich im Interesse des Kindes nur trösten wollte, da sich meine Sorgen und Ängste auch auf das Ungeborene übertragen würden.

Dem letzten Telefonat mit Sarah nach zu schließen, war sie immer noch von den Qualitäten der Ansellem überzeugt und verstand meine Aversion gegen diese Frau überhaupt nicht.

Ich erzählte Colette von dem Besuch in der Praxis dieser Gynäkologin und davon, daß sie mir eine Bescheinigung angeboten hatte, die besage, das Kind sei tot geboren.

Colette fand das äußerst merkwürdig. Ich äußerte auch die Vermutung, daß die Ansellem nicht »Madame X« in die Geburtsurkunde einsetzen wollte, sondern gleich Sarahs Namen.

»Für Sarah ist das die schmerzloseste Art der Entbindung«, bemerkte Colette dazu. Langsam begann ich zu verstehen: Genau wie ich suchte Sarah eine möglichst sanfte Entbindung. Für ihre »Kopfgeburt« bot ihr die Ansellem den einfachsten Weg, so *natürlich* wie möglich Mutter zu werden, zumal Sarah großen Wert darauf legte, daß das Kind niemals den dornigen Weg seiner Enstehung erfahren sollte.

Das Geburtsdokument der Ansellem würde nicht verraten, daß in Wirklichkeit zwei Frauen mit ihm schwanger gegangen sind. Sarah mußte fast zwangsläufig böse auf mich sein, denn ich durchkreuzte ihren Plan.

»Sarah hat versucht, mich als geldgeiles Monster hinzustellen, obwohl sie genau weiß, warum ich das Geld so nötig brauche.«
»Das Geld ist nicht wichtig«, meinte Colette; sie hatte recht, denn in diesem Moment zählte es nicht. Die ganze Schwangerschaft über hatte ich versucht, jedes Gefühl zu dem in mir wachsenden Leben im Keim zu ersticken. Ich wollte es nicht lieben, da die Trennung von dem Kind unvermeidlich war.
Als ich mit Aglaya schwanger ging, habe ich mich meinen Gefühlen hingeben können. Wie jede werdende Mutter habe ich mit meinem Kind gesprochen, und alle meine Gedanken waren fast ausschließlich damit beschäftigt. Meine äußeren materiellen Umstände waren damals auch nicht gerade rosig, aber das Kind in mir gab mir die Kraft, alles mit Gelassenheit durchzustehen. Bis zum heutigen Tag bewahrt mich die Liebe und die Verantwortung für meine Tochter davor, schlapp zu machen und aufzugeben. Sie ist eine »süße Last«, die mich permanent fordert und dadurch auch zu meiner eigenen Entwicklung beiträgt.
Sarahs Wunschkind habe ich nicht gewollt. Trotzdem beschäftigte es meine Gedanken, und ich ertappte mich dabei, daß ich mit ihm sprach. Durch die zwanghafte Unterdrückung meiner Gefühle hatte ich mich selbst vergewaltigt. Die Angst, ein Stück von mir zu verlieren, war die Folge meiner Liebe zu dem Kind. Früher war ich überzeugt gewesen, es würde von Sarah mindestens ebenso geliebt. Jetzt zweifelte ich daran.
Das Gespräch mit Colette hatte meine Sorgen nicht ganz ausräumen können. Aber ich begann allmählich zu verstehen und schöpfte neue Hoffnung. Die vergossenen Tränen hatten ebenfalls dazu beigetragen, ein wenig Ballast von meinem Herzen weg zu spülen.
Ich wollte die anderen Frauen nicht länger warten lassen. Colette schien sich darüber keine Sorgen zu machen, und ich wußte, sie hätte sie sogar wieder nach Hause geschickt, wenn ich weiter über meine Probleme hätte reden wollen. Das anschließende Atem- und Entspannungstraining empfand ich als

seelische Oase. Es gelang mir sogar, für einige Augenblicke meinen Kopf leer zu machen und mit Sphärenklängen in eine andere Welt zu fliegen.
Bei meiner Rückkehr ins Mütterheim mußte ich feststellen, daß ich von nun an das Zimmer teilen mußte. Die ungestörte Zurückgezogenheit war mir lieber gewesen.

16. Tag

Ich konnte es kaum erwarten, bis ich an diesem Nachmittag zum dritten und letzten Mal an Colettes Kurs teilnehmen konnte. Eine der Teilnehmerinnen hatte ihr Töchterchen mitgebracht, das ungefähr im selben Alter wie Aglaya war. Während der Entspannungsphase, begleitet von träumerischer Musik, schlief die Kleine zwischen ihrer Mutter und mir auf dem Teppich ein. Entzückt betrachtete ich das friedliche Kindergesicht. Unwillkürlich mußte ich an Aglaya denken, die ich schmerzhaft vermißte.
Ein scheußlicher Gedanke überfiel mich: Wenn ich bei der Geburt sterben sollte, würde ich sie nie wiedersehen. Vor meinem geistigen Auge erschien das Bild, wie ich sie beim Abschied ein letztes (?) Mal an mich gedrückt hatte. Colette schien zu ahnen, was in mir vorging. Aber sie sprach mich nicht darauf an, wohlwissend, daß sie mir diesmal nicht helfen konnte. Zum Abschied umarmten wir uns eine halbe Ewigkeit.
»Viel Glück für dein ganzes Leben. Alles wird gut. Du mußt nur daran glauben.«

17. Tag

Der Tag verging ohne besondere Ereignisse.

18. Tag

Ich beschloß, an den Strand zu fahren. Es wurde eine regelrechte Tortur.
Der Bus war bereits brechend voll, als ich zustieg. Von den

Ausdünstungen der dichtgedrängten Menschenmasse wurde mir fast übel. Trotz meines dicken Bauches kam niemand auf die Idee, mir einen Platz anzubieten. Der Mann, der mir am nächsten saß, hatte nichts besseres zu tun, als unablässig zehn Stationen lang auf meine Beine zu glotzen.
Am dichtbevölkerten Strand fand sich jedoch auch eine erfreulich mitmenschliche Geste. Eine Frau, die im Begriff war zu gehen, bot mir ihr bequemes Plätzchen an. Ein wohlgeformter glatter Fels bildete einen komfortablen Liegestuhl, der sich als Wohltat für meinen gefolterten Rücken erwies.
Trotzdem konnte ich Sonne und Meer nicht ungestört genießen. Es waren zuviele gaffende Idioten da, die mich mit teils schwachsinnigen Bemerkungen belästigten. Fast hatte ich den Eindruck, als ob es unanständig sei, sich in hochschwangerem Zusatand in die Sonne zu legen und ein wenig im Meer zu plantschen.
Ich begann Marseille mit seiner Macho-Mentalität zu hassen. Das Heimweh nach Aglaya und Lutz wurde unerträglich.

19. Tag

Ich hatte mit Sarah vereinbart, daß sie mich um zwei Uhr im Café abholen sollte, um mit mir zur Klinik zu fahren. Als sie um kurz vor drei Uhr immer noch nicht da war, rief ich bei ihr zu Hause an. Sie war selbst am Apparat.
»Hast du vergessen, daß wir um vier in (Ort) sein müssen?« fragte ich einigermaßen fassungslos.
Sie habe gedacht, daß wir erst um vier im Café verabredet seien, entschuldigte sie sich.
Ich erinnerte sie daran, daß sie sogar eine schriftliche Notiz über den Kliniktermin haben müsse.
»Ich weiß auch nicht, wieso ich eine andere Uhrzeit im Kopf hatte.«
»Du nimmst zuviele Schlaftabletten, dabei schaltet sich das Gehirn ab.«
»Kann sein«, gab sie zerknirscht zu.

Es hatte keinen Sinn mehr, daß sie jetzt noch nach Marseille kam, denn sie würde über eine Stunde brauchen, selbst wenn sie Vollgas fuhr. Bis zum Krankenhaus wären wir nochmal eine Stunde unterwegs. Zufällig war Roger an diesem Nachmittag in Marseille. Sarah wollte ihn anrufen, damit er mich abholt. Wir sollten uns dann mit ihr auf halber Strecke nach (Ort) treffen.
Das Wiedersehen mit Sarah fiel überaus herzlich aus. Aber sie wirkte nervös und erschöpft. Die Qualen der vergangenen Tage hatten tiefe Schatten unter ihren Augen hinterlassen. Zwischen uns schien trotzdem wieder alles in Ordnung zu sein. Auf dem Weg zum Krankenhaus stellten wir Vergleiche zwischen französischer und deutscher Umweltpolitik an. Es blieb uns sogar noch etwas Zeit, um das Gespräch in einem Café in (Ort) fortzusetzen. Roger erzählte, daß sich nach dem sowjetischen Reaktorunfall mehr als siebzig Prozent der französischen Bevölkerung gegen Kernenergie ausgesprochen hätten. Die französische Regierung hielte aber, ebenso wie die deutsche, unbeirrt an ihren Kernkraftprogrammen fest.
Das Gespräch mit der Gynäkologin verlief in freundlicher, entspannter Atmosphäre. Die Ärztin zeigte unseren Problemen gegenüber unvoreingenommenes Verständnis. Sie versicherte, daß einer Entbindung »sous X« nichts im Weg stünde. Sie habe die Fragen meiner Versicherung bereits mit der Klinikverwaltung geklärt. Ich würde eine ordnungsgemäße Eintragung über die Geburt in meinem Mutterpaß bekommen. Meinem Wunsch nach einem Einzelzimmer könne auch entsprochen werden. Der Aufschlag betrage nur 100,— Francs pro Tag. Sarah und Roger fanden das ausgesprochen günstig und willigten sofort ein.
Bei der anschließenden Untersuchung hörte die Gynäkologin zuerst die kindlichen Herztöne ab. Es war alles so, wie es sein sollte. Jetzt wünschte ich mir nur noch, daß das Baby so bald wie möglich das Licht der Welt erblicken, und ich endlich wieder mit Aglaya und Lutz vereint sein würde.

Die stinkende Schwüle Marseilles wurde allmählich unerträglich, das Mütterheim zusehends zu einem Gefängnis.

20. Tag

Wegen der drückenden Hitze und des unerträglichen Straßenlärms hatte ich kaum Schlaf gefunden. Das Mütterheim lag an der Kreuzung von zwei mehrspurigen Straßen. Obendrein befand sich direkt unter meinem Fenster eine Tankstelle, die rund um die Uhr geöffnet hatte. In dieser Nacht feierten die Marseiller irgendein Fest, was sie durch lautstarke Hubkonzerte kundtaten. Wie mir und meiner Zimmergenossin, die sich im Halbschlaf unruhig von einer Seite auf die andere wälzte, ging es den meisten anderen Frauen im Heim. Schritte und Stimmen waren auf dem Gang zu hören, hin und wieder fluchte eine Frau laut zum Fenster hinaus, weil ihr Kind durch den Straßenlärm aus dem Schlaf gerissen worden war. Erst als der Morgen dämmerte, wurde es allmählich ruhiger, und ich verschlief das Frühstück.

Mit einem harten Klopfen an die Zimmertür wurde ich gegen elf aus dem Tiefschlaf gerissen. Ich hatte nicht abgeschlossen. Obwohl ich keine Antwort gab, wurde kurz darauf die Zimmertür aufgerissen.

Eine Frau, die ich von der Essensausgabe her kannte, sagte mir in barschem Ton, daß ich heute an der Reihe sei, die Etage samt sanitärer Anlagen zu putzen.

»Später«, erwiderte ich schlaftrunken.

»Nein jetzt, denn ab Mittag wird es zu heiß sein«, befahl sie.

»Ich habe keine Putzmittel«, redete ich mich heraus. Sie werde mir die nötigen Utensilien beschaffen, kündigte sie an und verschwand erstmal wieder.

Mißmutig knallte ich die Tür zu und drehte mich im Bett um, festentschlossen, mich vor dieser elenden Putzaktion zu drücken. Mein Rücken schmerzte ohnedies schon genug. Glücklicherweise ließen die versprochenen Putzmittel auf sich warten. Punkt zwölf schnappte ich mein Eßgeschirr.

An der Tür des Wohnhauses las ich tatsächlich in der Putzordnung meinen Namen. Dieselbe Frau, die so ungnädig meinen Schlaf gestört hatte, war wieder an der Essensausgabe. Weder sie noch ich erwähnten ein Wort über die Putzordnung.

Am Mittagstisch machte ich meinem Ärger Luft und beschwerte mich darüber, was mir, vier Tage vor dem errechneten Geburtstermin, zugemutet würde. Meine Tischnachbarinnen meinten, daß es sich vermutlich um ein Versehen handele, da ich aussähe, als ob ich erst im siebenten Monat wäre. Hochschwangere Frauen seien vom Putzen generell ausgeschlossen. Das beruhigte mich, denn so hatte ich ein Argument, falls der Drachen wiederkäme. Mein Mittagsschläfchen war nur von kurzer Dauer. Wieder ging nach kurzem Anklopfen die Tür auf. Ich solle mich unverzüglich bei der Heimleitung einfinden, hieß es. Auf mein Warum, erhielt ich als Antwort die Wiederholung des Befehls. Zerknirscht rappelte ich mich auf. Diesmal ging es nicht um die Putzordnung, sondern um meine erklärte Absicht in (Ort) zu entbinden. Die Heimleiterin wollte wissen, warum ich ausgerechnet dort, gut hundert Kilometer von Marseille entfernt, das Kind zur Welt bringen wolle. Ich erklärte, daß mir die dortige Atmosphäre und die Menschen sehr zusagen würden. Anhand meiner Erfahrungen mit dem ersten Kind erläuterte ich der Heimleiterin meine Vorstellung von einer Sanften Geburt. Dabei erwähnte ich, daß die erste Reaktion meiner Tochter ein sanftes Lächeln gewesen sei.

Ein verständnisvolles Lächeln glitt auch über das Gesicht der Heimleiterin, bevor sie mich mit ernster Sachlichkeit darauf hinwies, daß eine »Sanfte Geburt« auch ohne weiteres in einem Marseiller Krankenhaus möglich wäre. Sie meinte dasselbe Krankenhaus, in dem Colette arbeitete, wo aber eine Entbindung »sous X« nicht möglich war. Um keinen Preis wollte ich der Heimleitung meine »Leihmutterschaft« gestehen.

»Ich kenne die Klinik, die Sie vorschlagen«, räumte ich ein, »aber ich möchte das Kind lieber auf dem Land zur Welt bringen. Für den Vater des Kindes ist der Weg von seinem Wohnort nach Marseille genauso weit wie nach (Ort).«

»Der Gynäkologe, der sie kürzlich untersucht hat, sagte, daß Ihre Entbindung unmittelbar bevorstehe und eventuell auch sehr rasch vonstatten gehen könne«, argumentierte sie.

Ich grollte innerlich: eine ärztliche Schweigepflicht gegenüber den »gefangenen« Heiminsassinnen gab es wohl nicht.

»Wie stellen Sie sich eigentlich vor, nach (Ort) zu kommen, wenn sich die Geburt ankündigt?«, wollte sie wissen.

»Wenn kein Fruchtwasserabgang ist, werde ich mir einfach ein Taxi rufen.« Sie wandte ein, daß ich das Taxi oder den Krankenwagen an Ort und Stelle sofort bezahlen müsse, was bei der Entfernung ziemlich teuer ist.

Ich erklärte, daß ich das Geld für den Transport zur Klinik bereits vom Kindesvater erhalten hätte.

»Ein Taxi wird Sie niemals befördern, selbst eine Ambulanz kann Sie wegen der großen Entfernung möglicherweise zurückweisen«, argumentierte sie unbeirrt weiter.

Ich wurde wütend.

»Ich trage die Verantwortung für mich und das Kind, die ich mir von niemandem abnehmen lasse«, schrie ich aufgebracht.

»Reißen Sie sich gefälligst zusammen«, herrschte sie mich daraufhin an.

»Wenn Sie wollen, packe ich noch heute meine Sachen und ziehe in ein Hotel.«

»So war das nicht gemeint, aber seien Sie doch vernünftig!« suchte sie mich zu beschwichtigen.

»Ich bin vernünftig, aber ich lasse mir keine Vorschriften machen.«

Damit stand ich auf und verließ fluchtartig das Direktionsbüro. Ich war fertig mit den Nerven. Die Tür des Doppelzimmers stand offen. Flüchtig nahm ich meine Zimmergenossin wahr. Ich wollte allein sein. Ohne den Raum zu betreten, schlich ich mich auf die Terrasse, wo ich den im Büro mühsam zurückgehaltenen Tränen freien Lauf ließ.

Weine nur! Das tut dir gut, hatte Colette gesagt. Wenn sie mich doch bloß alle in Ruhe lassen würden, schrie es verzweifelt in mir. Plötzlich spürte ich, wie sich von hinten zwei Arme um mich legten.

»Was ist los? Kann ich dir helfen?«, fragte meine Mitbewohnerin.

Ich erzählte ihr von meiner Auseinandersetzung mit der Heimleiterin.

»Pah! Laß die Alte quatschen! Sag ja, ja und mach trotzdem, was du willst. Bei meiner Aufnahme wollte sie auch alles bis ins Detail wissen, aber im großen und ganzen rauschte alles an mir vorbei.«

Mit ein bißchen Klatsch und Tratsch, den meine Zimmergenossin ihren aufmüpfigen Äußerungen folgen ließ, brachte sie mich wieder zum Lachen. Manchmal ist es eben doch gut, wenn mensch nicht alleine ist. Ein Lachen richtet immer wieder auf.

Trotzdem wünschte ich mir nichts sehnlicher, als daß das Baby endlich geboren würde.

Die Geburt

Das Ungeborene hatte mein Flehen erhört, die Zeit, die es als Gast bei mir verbrachte, näherte sich dem Ende. Um ein Uhr nachts platzte die Fruchtblase. Sofort war ich hellwach. In freudiger Erwartung packte ich in Windeseile meine Siebensachen.

Meine Zimmergenossin und eine andere Frau, die in dieser Nacht keinen Schlaf gefunden hatte, begleiteten mich zur Nachtwache, die unverzüglich eine Ambulanz bestellte. Danach rief ich Sarah an, die mir versicherte, Roger werde sich sofort auf den Weg nach (Ort) machen. Wieder nur Roger, dachte ich enttäuscht.

Entgegen den Unkenrufen der Heimleiterin gab es kein Problem mit den Sanitätern wegen der großen Entfernung. Unterwegs setzten die Wehen ein.

Überglücklich, daß nun endlich bald alles vorbei sein würde, lächelte ich stillvergnügt in mich hinein. Als ich in (Ort) eintraf, war Roger noch nicht da. Während der Krankenwagenfahrer umständlich nach diversen Tarifen den Fahrpreis ausrechnete, untersuchte mich die Hebamme hinter einer spanischen Wand.

Dem Baby ging es ausgezeichnet, die Wehen kamen schon kräftig und in schöner Regelmäßigkeit.

Ärgerlicherweise reichte mein Geld nicht aus, um den Krankenwagen zu bezahlen. Der Fahrer wurde ungeduldig. Ich konnte nur immer wieder beteuern, daß der Vater des Kindes jeden Augenblick eintreffen würde, um den Restbetrag zu begleichen.

Auch ich wurde allmählich nervös. Infolgedessen setzten prompt die Wehen aus. Glücklicherweise tauchte Roger bald danach auf, und ich konnte erlöst auf mein Zimmer gehen, wo die Wehen umgehend wieder einsetzten. Gelassen nahm ich meinen dicken Science-Fiction Wälzer zur Hand und ließ meinen Körper arbeiten. Dieselbe Atemtechnik, die ich bei der Entbindung mit Aglaya angewandt hatte, half mir auch diesmal. Ich empfand kaum Schmerzen. In der sicheren Gewißheit, daß mich jede Wehe näher an meine Erlösung brachte, konnte ich mich völlig entspannen.

Ungestört verbrachte ich die Stunden bis zum Morgengrauen. Meine halb liegende, halb sitzende Stellung begann unbequem zu werden, so daß ich mich bäuchlings auf alle Viere hockte. Als die Nachtschwester auf ihrem letzten Rundgang auch einen Blick in mein Zimmer warf, rief sie sofort die Hebamme, die kurz darauf erschien und die Vermutung der Nachtschwester bestätigte: die Geburt stand unmittelbar bevor.

Der Muttermund war vollständig geöffnet, es konnte losgehen. Eine Säuglingsschwester stützte mir während der Preßwehen den Rücken. Der Kopf des Kindes drückte so sehr, daß ich Angst hatte, ich würde in Stücke gerissen.

Nachdem die Hebamme einen kleinen Schnitt gemacht hatte, kam der Kopf vollständig zum Vorschein. Kurz darauf flutschte der Rest hinterher.

Geschafft!!!

Das Baby stieß zwei oder drei kleine Schreie aus und wurde sofort, mit noch pulsierender Nabelschnur, auf meinen Bauch gelegt. Ich streichelte den Rücken des kleinen Menschleins, wodurch es sich sofort beruhigte. Entzückt betrachtete ich die winzigen Händchen und streckte meinen kleinen Finger danach aus, der sofort von einer kleinen Hand ergriffen wurde. Ich spürte eine erstaunliche Kraft. Das Baby war kleiner, als ich erwartet hatte, aber sehr muskulös.

Es dauerte fast zehn Minuten, bevor die Nabelschnur ihre Funktion einstellte und ich endgültig von dem Kind getrennt wurde.

»Tschüß. Mach's gut«, rief ich ihm nach, als die Säuglingsschwester es hinaustrug.

Für einen flüchtigen Augenblick konnte ich Roger hinter den

Flügeltüren des Kreißsaals ausmachen. Während die Hebamme noch damit beschäftigt war, den Dammschnitt zu vernähen, kam die Gynäkologin in Freizeitkleidung herein. Ich fragte, ob Madame Duval inzwischen eingetroffen sei, was sie zu meiner Enttäuschung verneinte.

Sarah habe aber angerufen und ihr Erscheinen für dreizehn Uhr angekündigt, ergänzte die Gynäkologin. Ich begriff nicht, warum sie erst so spät kommen wollte. Nachdem ich auf meinem Zimmer ein kulinarisches Frühstück eingenommen hatte, ging ich, noch ein wenig wackelig auf den Beinen, zum Telefon, um Lutz die geglückte Ankunft des neuen Erdenbürgers zu melden. Er war hörbar erleichtert, daß auch ich nicht gelitten hatte.

Bis zum Mittagessen döste ich vor mich hin. Die Nachwehen waren so nervend, daß ich obwohl müde, nicht einschlafen konnte. Meine Gedanken wanderten zu dem Kind im Säuglingszimmer. Es tat mir so leid, daß es nun alleine in seinem Bettchen lag. Ich konnte mir Sarahs Verhalten nicht erklären. Als das Mittagessen gebracht wurde, fragte ich erneut nach ihr, bekam aber wieder eine negative Antwort. Meine anfängliche erlösende Glückseligkeit verwandelte sich in traurige Leere: Sarah hatte sich das Baby doch so sehr gewünscht. Warum hatte sie jetzt Angst, den Tatsachen ins Auge zu sehen. In diesem Moment empfand ich eine tiefe Verachtung für ihre Schwäche. Ohne Roger wärst du total aufgeschmissen, dachte ich höhnisch. Jedesmal, wenn eine Schwester hereinkam, fragte ich wieder nach Sarah, worauf ich immer wieder die gleiche Antwort erhielt, sie sei noch nicht gekommen.

Am frühen Nachmittag konnte ich es nicht mehr aushalten und beschloß, selbst zum Säuglingszimmer zu gehen. Ich war gerade im Begriff, das Zimmer zu verlassen, als es an der Tür klopfte. Es war Roger, der mir einen dicken Strauß langstieliger scharlachroter Rosen überreichte. Außerdem hatte er mir noch die neueste Ausgabe des *Spiegel*, eine Stange Zigaretten und eine Flasche erlesenen Rotwein mitgebracht.

Er wirkte müde, aber glücklich. Wie alle werdenden Väter, so hatte auch er kein Auge zugetan, während ich in den Wehen lag. Zu meiner Erleichterung erfuhr ich, daß Sarah inzwischen bei *ihrem* Kind war.
Trotzdem begleitete ich Roger zur Säuglingsstation. Sarah war gerade dabei, dem Baby die Flasche zu geben. Ihr Blick ruhte mit seligem Lächeln auf dem kleinen Wesen. Nur kurz schaute sie auf und grüßte mich. Sie sah sehr blaß und erschöpft aus, als ob sie das Kind zur Welt gebracht hätte. Nach Colettes Darstellung war das auch wirklich so, und Sarah hatte tatsächlich mehr gelitten als ich. Beim Anblick der friedlichen Mutter-Kind Idylle verflog mein Groll gegen Sarah.
Sie hat es angenommen! jubelte meine innere Stimme, und mein Glücksgefühl kehrte zurück.
Obwohl das Baby kräftig und gesund war, sollte es routinemäßig noch einige Tage zur Beobachtung in der Klinik bleiben. Mir erschien das ein wenig unverständlich, hatte ich doch damals mit Aglaya das Krankenhaus bereits einen Tag nach der Geburt mit ihr zusammen verlassen. Aber nun war das Sarahs und Rogers Angelegenheit, meine Aufgabe war erfüllt.
Ohne daß ich Sarah darauf angesprochen hatte, sagte sie, daß der Restbetrag meiner Aufwandsentschädigung in spätestens einer Woche auf meinem Konto sei.
Zum Abschied drückte ich sanft das winzige Babyfüßchen. Es war das letzte Mal, daß ich das Kind sah. Für mich gab es keinen Grund mehr, nochmals die Säuglingsstation aufzusuchen.

Ende gut — alles gut

Einge Tage später schickte ich Sarah meinen Abschiedsgruß:

Liebe Sarah!

Seit ich Dich und Dein Kind zusammen erlebt habe, zweifle ich nicht mehr daran, daß Euch eine glückliche Zukunft bevorsteht. Ihr seid nun eine Familie. Ich habe mich leer und traurig gefühlt, weil Du nicht da warst, um die ersten Augenblicke im Leben Deines Kindes mitzuerleben.

Die Hebamme, die mich entbunden hat, besuchte mich gestern abend. Sie sagte, Roger wäre wundervoll gewesen; er habe mit Zärtlichkeit und Liebe das kleine Wesen gebadet, so, als ob er nie etwas anderes gemacht hätte; keine Spur von Ungeschicklichkeit oder Ängstlichkeit, die Väter gewöhnlich angesichts der neuen Situation an den Tag legten.

Ende gut — alles gut! Jetzt beginnt ein neuer Anfang für uns alle.

Colette hatte recht, als sie sagte, dies sei eine Liebesgeschichte besonderer Art.

Mir selbst geht es ausgezeichnet. Ich bin zu meinen alten Lastern zurückgekehrt: der Wein und die Zigaretten schmecken mir vorzüglich.

Die Rosen duften, und ich freue mich nun in süßer Sehnsucht auf meine beiden Schätze in Berlin.

Paßt gut auf Euch auf!

Alles Liebe und die besten Wünsche für die Zukunft.

Das Kind wird ein kluger und starker Mensch werden.

Ich fühle mich wie die gute Fee im Märchen.

Ich küsse und umarme Euch

Felicitas

Ich erholte mich schnell und verbrachte die Zeit mit Lesen,

Schreiben und Malen, wobei ich bei meinen ersten Aquarellstudien überraschende Ergebnisse erzielte.
Das Essen war ausgezeichnet und das Krankenhauspersonal überaus freundlich und zuvorkommend. Ich hatte nicht den Eindruck, daß mich irgend jemand moralisch verurteilte. Außer der Hebamme, die mir bei der Entbindung beigestanden hatte, sprach mich niemand auf das Baby oder meine »Leihmutterschaft« an.
Ich litt nicht unter der Trennung. Das Kind entstand durch Sarahs Wunsch; ich hatte kein moralisches Recht, es zu behalten.
Ich trieb Gymnastik und massierte meinen Bauch, so daß ich bereits nach wenigen Tagen wieder meine alte Figur hatte. Das größte Geschenk, das ich Lutz machen konnte.
Ich hoffte, er würde den Alptraum meiner »Leihmutterschaft« so bald wie möglich vergessen . . .
Das Schlimmste, die Sorge, ich würde meine Familie nie wieder sehen, war nun überstanden.
Unbeschwert genoß ich jeden Tag und ließ mir im verwilderten Krankenhausgarten die Sonne ins Gesicht scheinen.
Es gibt keine stärkere Kraft als die Liebe! So deutlich wie in diesen Tagen hatte ich das noch nie empfunden.

Nachgedanken

Dank der Hilfe lieber Menschen ist meine und die Geschichte Sarahs doch noch zu einem glücklichen Ende gekommen.
Ende gut – alles gut?
Nein, denn die Schicksale von Sarah und mir teilen viele Frauen mit uns. Deshalb erscheint es mir so wichtig, meine eigenen Erfahrungen, die ich mit meiner »Leihmutterschaft« gemacht habe, der Öffentlichkeit mitzuteilen.
Trotz aller Schwierigkeiten bereue ich nichts und würde wieder genauso handeln. Alle, die das Buch aufmerksam gelesen haben, wissen nun um die Gefahren, die die rechtsfreie Grauzone in sich birgt ...
Ein Verbot der »Leihmutterschaft«, das zur Zeit in vielen europäischen Ländern und in einigen Staaten der USA zur Diskussion steht, würde praktisch weder kontrollierbar noch durchsetzbar sein. Wünsche und Verzweiflungstaten lassen sich eben nicht durch staatliche Vorschriften unterbinden. Ganz im Gegenteil.
In der Illegalität wäre es für Unternehmen wie CEFER noch einfacher, ihre schmutzigen Geschäfte zu betreiben, da ihre Klienten völlig ihrer Willkür ausgeliefert wären.
Die homologe (nicht in vitro-Fertilisation), zeitweilig übernommene Mutterschaft ist weder neu, wie das von CEFER/Geller zitierte Beispiel aus dem alten Testament beweist, noch hat sie mit Gentechnologie zu tun. Vielmehr stellt sie einen Akt der Solidarität zwischen ungewollt kinderlosen und gebärfähigen Frauen dar.
Aber gerade diese Solidarität vermisse ich unter meinen Geschlechtsgenossinnen generell, und nicht nur bei dem speziellen Unternehmen »Leihmutterschaft«.
Schon bei der biblischen »Leihmutter« Agar gab es ernste Spannungen zwischen ihr und ihrer Herrin. Die alttestamen-

tarische, unfruchtbare Auftraggebermutter Sarah quälte und mißhandelte die schwangere Agar so sehr, daß diese vor Verzweiflung in die Wildnis floh.
Die Psyche des Menschen hat sich trotz vermeintlichen Fortschritts seit damals nicht geändert. Mensch kann darüber spekulieren, ob das biblische Drama zu verhindern gewesen wäre, wenn die Auftraggebermutter von einem »Engel« behutsam auf ihre Mutterfreuden vorbereitet worden wäre. Eifersucht mag bei der Auseinandersetzung der beiden Frauen auch eine Rolle gespielt haben, da Agar leibhaftig, vermutlich mehrmals mit Abraham Verkehr hatte. Beim heutigen Stand der Medizin ist der Körperkontakt zwischen »Leihmutter und Kindeszeuger nicht mehr nötig. Das heißt aber nicht, daß bei der Besamung die Anwesenheit eines Arztes oder gar eines »Reproduktionstechnologen« erforderlich wäre. Die künstliche Besamung kann auch von medizinischen Laien in den eigenen vier Wänden vollzogen werden.
Würde das Tabu um die »Leihmutterschaft« aufgehoben und diese Art der Kinderwunscherfüllung gesellschaftlich akzeptiert und staatlich legalisiert, dann könnten die Betroffenen, ob ungewollt Kinderlose oder Ersatzmütter, einen notariell abgesicherten Vertrag eingehen, der von beiden Seiten einklagbar wäre. Überdies könnte eine maßgeschneiderte Risikoversicherung abgeschlossen werden, die beiden Seiten gerecht werden könnte. Die ärztlichen Dienste bräuchten sich dann nur auf die allgemeine Untersuchung der »Leihmutter« und des Zeugers beschränken. Es ist dabei auch nicht unbedingt notwendig, daß die konsultierten Ärzte über den Zweck der Untersuchungen unterrichtet werden müssen. Ebenso können die Schwangerschaft selbst und die Geburt ganz normal, ohne daß der Arzt die besondere Entstehungsgeschichte des Kindes kennen muß, vonstatten gehen.
Das Betätigungsfeld skrupelloser Geschäftemacher im »Weißen Kittel« würde damit von selbst austrocknen. Wie gefährlich es für eine »Leihmutter« werden kann, wenn sie in der

Grauzone ihre Rechte gegenüber dubiosen Geschäftemachern wie CEFER/Geller und Konsorten durchsetzen will, beweist die Aussage meiner Auftraggebermutter:
»Lassen Sie die Frau fallen und fangen Sie mit einer neuen Leihmutter von vorne an!« Ich glaube, das sagt alles über die Menschen- und Frauenverachtung — nicht nur des Marseiller Leihmutterunternehmens — aus.
Auch der Rechtsanwalt Henning Spangenberg bewertete den Ratschlag, mich »fallenzulassen«, als höchst kriminell.
Wie fatal die Situation einer *anonymen* »Leihmutter« ist, kann mensch sich vorstellen. Die Anonymität schafft nur Unsicherheiten und unnötige psychische Qualen, die durch ein persönliches Kennenlernen und den anschließenden Vertrauensausbau zwischen Ersatz- und Auftraggebermutter/eltern vermieden werden könnten. Ich halte es für unerläßlich, daß medizinisch-feministische Organisationen und Frauenzentren darauf hinarbeiten, ihre Vorurteile abzubauen, und es nicht zulassen, daß ihre ungewollt kinderlosen Geschlechtsgenossinnen weiterhin als neurotisch abqualifiziert werden, sondern mit ihrem Anliegen wirklich ernstgenommen werden.
Ebenso sollten auch die Frauen, die eine Mutterschaft auf Zeit übernehmen, nicht länger als quasi Prostituierte diffamiert und gleichzeitig bedauert werden.
Mit ihrem vorläufigen »Nein« zur übernommenen Mutterschaft liegt ein Großteil der Feministinnen übrigens auf derselben Linie wie der konservative, ehemals christdemokratische Schutzherr für ungeborenes Leben, Franz Alt.
In seinem Buch »Liebe ist möglich« schreibt er, daß die »Leihmutterschaft« menschenunwürdig sei. Diese Einschätzung trifft auf die bisherige *Praxis* zweifellos zu.
Meiner Meinung nach ist aber die zeitweilig übernommene Mutterschaft an sich nicht menschenunwürdig, zumindest nicht in größerem Umfang als andere entgeltliche körperliche Arbeiten. Erst die gesellschaftliche Ächtung und die Art und Weise, wie sich die betroffenen Frauen von skrupellosen Ärz-

ten ausbeuten und zu Gebärmaschinen degradieren lassen müssen, macht die »Leihmutterschaft« menschenunwürdig und frauenfeindlich. Franz Alt scheint zu vergessen, daß dieselbe soziale Misere, die Frauen dazu veranlaßt abzutreiben, andere auf den Gedanken bringt, als letzten Ausweg eine »Leihmutterschaft« anzustreben.

Für ihn ist die Freigabe zur Adoption eine gangbare Alternative zur Abtreibung unerwünschten Nachwuchses. Er unterstellt, daß jede Abtreibung mit schweren seelischen Schäden verbunden sei, wobei er allerdings unterschlägt, daß auch die Adoptionsfreigabe an anonyme Eltern mit großer Wahrscheinlichkeit einen psychischen Knacks verursacht. »Ich kann mir keinen Fall vorstellen, wo Leihmutterschaft nicht auf eine Schädigung der Frau hinausläuft«, sagt Marille Hermann. Ich nehme an, daß der seelische Schaden, den eine Frau bei der Trennung von ihrem Kind davonträgt, hauptsächlich in der Anonymität der Adoptionseltern begründet ist, wobei es keine Rolle spielt, ob die Frau eine Ersatzmutter oder eine normale »Rabenmutter« ist.

Eine Alternative sowohl zur Abtreibung als auch zur »Leihmutterschaft« wäre trotzdem die direkte Begegnung zwischen ungewollt kinderlosen Frauen mit ungewollt Schwangeren. Dafür müßten Institutionen wie Pro Familia und Adoptionsvermittlungsstellen zusammenarbeiten. Vielleicht ließe sich dadurch die eine oder andere Frau, die ansonsten aus existenzieller Not abtreiben müßte, umstimmen, zumal wenn sie ihr Kind geliebt und wohlversorgt wüßte.

Aber: Sollte sich eine ungewollt Schwangere tatsächlich dazu entschließen, das Kind einer anderen zuliebe auszutragen, wäre es nur recht und billig, wenn sie für die Zeit der Schwangerschaft und zwei Monate danach von den zukünftigen Adoptiveltern auch finanziell unterstützt würde.

Selbstverständlich sollte die Begegnung zwischen ungewollt Schwangeren mit ungewollt Kinderlosen auf freiwilliger Basis, ohne Druck oder Zwang, erfolgen.

Die Entscheidungsfreiheit, ob sie ein Kind austrägt oder abtreibt, sollte jedoch uneingeschränkt der Frau überlassen werden. Die von Männern gemachten Gesetze zur Bevormundung der Frau sind ohnehin ein Skandal.

Jede Frau sollte unbeeinträchtigt von irgendwelchen Kontrollinstanzen in Eigenverantwortung frei wählen können, was sie sich antut, bzw. antun läßt. Ob sich mein unorthodoxer Vorschlag, die Begegnung von ungewollt Schwangeren mit ungewollt Kinderlosen, realisieren läßt, hängt weitestgehend vom guten Willen der Betroffenen und der zwischenmenschlichen Solidarität ab.

Es ist ein himmelschreiender Mißstand, daß Frauen in reichen Industrieländern aus existenzieller Not abtreiben müssen, während andere ein Vermögen zu obskuren Weißkitteln tragen, damit diese ihnen um jeden Preis, gesundheitlich oder finanziell, durch »in vitro-Fertilisation« zu einem Kind verhelfen.

Neben der Gefahr des Mißbrauchs für humangenetische Forschungen stellt die »in vitro-Fertilisation« auch einen Akt geballter Gewalt dar: Gewaltsam, durch Einwirkung hoher Hormondosierungen, werden die Eizellen zur Reifung getrieben. Gewaltsam werden sie dann mittels eines komplizierten chirurgischen Eingriffs aus dem Mutterleib entfernt. In Eiseskälte werden die Eizellen konserviert, um zu einem späteren Zeitpunkt mit ebenfalls zeitweise konservierten Spermien in der Petrischale befruchtet zu werden. Danach kommt wieder die Tiefkühltruhe als zeitweiliger Todesschlaf.

Auch der Transfer der befruchteten Eizellen in den Uterus — wobei es keine Rolle spielt, ob es sich dabei um denjenigen der Eispenderin oder den einer »Leihmutter« handelt — stellt einen gewaltsamen Vorgang dar.

Hat Leben aus vier, sechzehn oder zweiunddreißig Zellen eine Wahrnehmung? Spürt es die Gewalt, die ihm und seiner Mutter lange vor seiner Geburt angetan wurde?

Ich denke ja, denn sogar einzellige primitive Organismen wie

Pantoffeltierchen oder Geißeltierchen (Paramecien und Flagellaten) reagieren auf Wärme, Licht und Kälte, wobei sie eindeutige Fluchtbewegungen machen, wenn sie sich bedroht fühlen. Das habe ich selbst unter dem Mikroskop beobachten können.
Die Zeugung menschlichen Lebens außerhalb des Körpers ist ein grober Verstoß gegen die Naturgesetze. Es dürfte kein Organismus, der nicht von Natur aus dazu ausersehen ist, außerhalb des Körpers gezeugt und/oder empfangen werden. Ebensowenig darf eine Frucht aus dem ursprünglichen Mutterleib in einen anderen transferiert werden.

Denn alles dies sind Akte der Gewalt, einer Gewalt, die ohnehin überall und allgegenwärtig ist. Jedes Individuum, das Gewalt empfängt, gibt sie in irgendeiner Form wieder weiter, aus Angst vor neuer Gewalt, die ihm angetan wird.

So wünschenswert ein völliges Verbot der »in vitro-Befruchtung« sowie sämtlicher genetischer Experimente an Menschen, Tieren und Pflanzen auch ist, in der Praxis wird es wohl kaum dazu kommen, zumal sich auch die Einhaltung gesetzlicher Vorschriften nur sehr schwer oder überhaupt nicht kontrollieren läßt.

Die Wissenschaft ist wie die Kunst ein anarchistisches Element geistig-schöpferischer menschlicher Evolution. Zu verlockend und faszinierend ist es, sich der Grundelemente des Lebens zu bedienen, gerade so, als ob es sich dabei um Lego-Bausteine handelte.

Für mich bleibt die idealste Erfüllung des ersehnten Kinderwunsches die Adoption eines Babys aus der Dritten Welt, wo tagtäglich 40 000 oder mehr unschuldige Kinder verhungern müssen, während sich der/die zivilisierte Wohlstandsbürger/in Gedanken darüber macht, wie er/sie die überflüssigen Pfunde los wird. Unsere Erde hat für alle Menschen Platz und Nahrung, wir müßten den natürlichen Reichtum nur gerecht unter uns verteilen.